我是最成功的老師，
卻是最失敗的母親，
一位校長媽媽沉痛的真實自白

媽媽的悔過書

李柳南／著．黃薇之／譯

目錄

2 從哪裡開始出錯了呢？

3 在絕望的盡頭遇見教練式輔導

4 認識大腦就能更懂孩子

5 培養孩子潛能的教練式輔導

6 教練型的父母如何對話

7 奇蹟的發生

前言

我愧疚的告白

直到現在，十年前那一天的記憶依然栩栩如生，那是個四周充滿紫丁香馥郁香氣的清新春日。當時就讀高三的兒子抓著下班的我這麼說：

「媽，我不要去學校了。」

我的兒子不僅是全校幹部、全校前一、二名，我一直夢想著能將他送入名門大學，他曾經是我的希望、讓我總是能向他人炫耀，這樣的孩子竟然說出如此晴天霹靂的話！

那天之後發生的無數事件，我都懷疑如今能否冷靜的好好敘述。先撇開這些事件不提，那年的八月三十一日，兒子最終還是在自願退學書上蓋了章。我感覺如同天塌下來一般，失去了活著的希望，內心充滿了絕望。

幾天後，就讀某知名女校高二的女兒這麼說：

「那麼了不起的哥哥都不去學校了，沒那麼好的我為何還要去上學？」

這些話等於宣告了她也要罷課。為了讓拒絕上學的女兒去學校，我用盡了恐嚇、威脅、勸誘等各種手段，甚至把校服硬套在早已長大的女兒身上，再帶她去上學，可是只要我把她帶到前門，她就從後門溜走，如此反覆到了九月底，女兒最終也還是休學了。

當時，我在學校是意氣風發的老師，包攬各種研習的第一名，以過人的熱情和企圖心來帶班，並獲得家長們的肯定，還曾出版過《讓孩子校園生活成功的五十五個策略》，可是我的孩子竟然休學，哪有這麼諷刺的事？

兩個孩子休學後，所做的事就是吃、睡、打電動、看電視、下載電影。根本就是遊戲成癮、影片中毒！他們各自窩在房間裡，連飯也不出來吃，兩個孩子完全成了廢人，竟然就這樣過了一年半的時間。因為兩個孩子，我哭得很慘、過得很辛苦，每天只要一睜開眼，就像要開始打仗一般，和地獄沒有兩樣，我的家就是地獄！

在巨大的壓力下，我曾三次昏倒送急診室，三次被車撞，三次開車撞人，其中有兩次還動了大手術，但兩個孩子看到我仍舊像看到蟑螂一樣嫌惡。

我偶爾會想著如果有滅音槍的話，乾脆把兩個孩子殺掉，我再自殺算了。每晚睡前我跪在床前的禱告就是「明天早上拜託別讓我睜開眼」，每到夜晚我都懇切祈禱著上帝把我帶往天國，卻無法如願，早晨我依然沒事的醒來。別人都很容易心臟麻痺，為何我的心臟如此強壯，每天早晨我總是充滿怨恨氣憤的睜開眼。

某一天我被兒子逼到角落羞辱，過沒幾天又看到女兒崩潰的模樣，讓我大受衝擊，覺得她再這樣下去該不會自殺吧！那天，總是不顧一切往前衝的我，開始回想自己的人生，到底從哪裡開始做錯了什麼。

就這樣慢慢的，我遇見了「教練式輔導」（Coaching）。遇見教練式輔導之後，我才理解自己哪裡出了錯，我是多麼愚昧無知、不夠格的父母。

孩子的話語中蘊藏了無數的意義，連自己孩子的內心都不懂，擁有碩士、博士學位又如何？如果不曉得孩子說的話有什麼意思，就是無知的父母、不夠格的父母。

這本書是寫給我孩子的悔過書，以前如果孩子有錯，我會叫他們寫悔過書，但不是只有孩子要寫悔過書，假使大人做錯了事也應該要寫悔過書。

這是我卸下心防寫的反省文，是媽媽無知、不懂你們的內心，所以才讓你們心痛，以後再也不會發生同樣的事……。

此外，我也期望那些和我一樣做錯的父母，能一起來寫悔過書。為了因扶養孩子太過辛苦而悲戚呼喊著的父母們，我鼓起勇氣寫下了這慚愧的自白。

本書是將我的演講錄音下來，交由女兒打字，然後我再重新修改、補充內文而成的。我不將我的演講稱作「演講」而是形容為「疾呼」，我的女兒在記錄我的演講內容時，是怎麼想的呢？或許有天她會這麼拜託我：「雖然媽媽到很晚才領悟，但請繼續把這些事說給世界上無數還未理解的父母與老師們聽，讓世界上的孩子們變幸福吧！」

我期盼透過本書能讓她的心願實現，也盼望女兒聽到我的眼淚告白，能夠原諒我。現在的我因為「教練式輔導」這個奇蹟般的工具，和我的兩個孩子成為世界上最幸福的親子。我以一顆贖罪悔改的心，大膽的將過去所做的錯事說出來，希望所有遇見本書的讀者都能和我一樣，藉由「教練式輔導」改變人生、喚醒自我並拯救靈魂，我以一顆懇切祈禱的心，寫出這本書。

誠摯的感謝帶我接觸教練式輔導這個陌生領域的韓英修教授、金日亨校長；引領我進入教練式輔導的韓國領導力中心金庚燮博士、韓國教練式輔導中心金榮順博士；讓我更深入理解教練式輔導的朴昌奎、高賢淑、鄭京和、石鎮吾、房永元、南冠熙、黃賢豪、吳秀明、Paul Jeong教練，以及讓我感受到教練式輔導廣度的韓國教練協會金在宇會長、所有會員以及工作人員。也要感謝讓我和孩子能透過情緒教練式輔導恢復關係，佔有重要角色的HD幸福研究所崔星愛、趙璧教授。此外，為了拯救孩子們，願意等待我長達兩年的時間，將我慚愧的故事編著成書並出版問世的Denstory出版社所有相關人士，特別是從一開始提案到完成出版，持續給予支持鼓勵的朴允美常務，也真心的感謝。

最重要的就是我的兒子和女兒，在無數的困境中，仍舊沒有選擇極端的方式，好好活著，讓媽媽能夠完成這麼有意義的一本書。也感謝為了我們家人的幸福，以淚水祈禱的丈夫與親愛的兄弟姐妹們，教會的李武榮、李衡新牧師與師母還有教徒們，透過別具意義的相遇而締結緣分的朋友與前後輩，所有我認識的人，還有延長我所有家人的生命至今，並將我們引導至此的上帝，誠摯的傳達感謝的心意。

銘記讓兩個孩子心痛休學十年，
奮力成為有資格父母也是我孩子永遠的媽媽

李柳南　敬上

1 媽媽，我不要去上學

愚昧的父母將孩子培養成炫耀品，

有智慧的父母則是努力成為子女的驕傲。

簡單又準確的父母等級判別法

問大家一個簡單的問題，在下面的空格中，你會填入什麼樣的答案呢？

・最愚昧的父母是想把子女變成（　　）。
・最有智慧的父母是讓自己成為子女的（　　）。

前者大家填入的答案是什麼呢？最棒？第一？傀儡？不管各位所想的答案為何都沒有錯，而我的答案是「炫耀品」。那麼後者你又會填入什麼內容呢？榜樣？典範？導師？鏡子？無論你的答案是什麼也都是對的，而對我來說，答案同樣是「炫耀品」。

現在各位不妨暫時沉思一下，想想你是「最愚昧的父母？還是最有智慧的父母？」每個人的答案一定都不太一樣，不過我猜，或許很多人的想法是後者，但做出來的行動卻是前者。然而，自己屬於哪種父母，是由「我」來判斷嗎？還是由「子女」來判斷呢？是啊，沒錯，要由我們的孩子來判斷吧！

因此，我思考了一下所謂父母的等級。教師可以透過「教師評鑑」的系統來接受評鑑，如果有制度能依照類似的方式，讓父母接受子女的評鑑，國家再根據分數替父母減免稅金或給予獎金，應該也很有意義。

評鑑中或許會加入：經濟、家庭管理、家務、食物、子女養育態度、夫妻關係、與親戚的關係、品德指導、生活指導能力等項目。如果讓子女來評鑑的話，各位覺得自己能拿到幾分呢？不過，假使要一一將這些項目做成程式的話，不僅會產生龐大的費用負擔，要我們的孩子在電腦前點選，可能也會覺得厭煩吧！

因此，我想出了一個非常簡單、快速、準確又有意義的父母評鑑方法，今天回家大家馬上就可以測試。請在孩子放學時，在回家路上的某個路口等待，「鏘！」像是偶然遇見一樣出現，此時孩子的反應就是最準確的評鑑。

如果孩子很開心的喊著：「媽媽！爸爸！」並跑過來抱住你的話，這樣的人就是超級等級的S等級父母；假使孩子沒有跑過來抱住，但仍笑著打招呼的話，則屬於A等級；要是認出父母的瞬間，孩子是皺著臉說：「媽，妳怎麼站在那裡？」或是「爸，你在那邊幹麼？」心不甘情不願的打招呼的話，就算是B等級；若是孩子改走別條路或是假裝沒看見父母，那麼就是C等級了。

當然，這樣的等級區分多少會隨著子女的年紀和個性有所差異，孩子如果還在上幼稚園或小學一、二年級，較多為S或A等級；到了三、四年級會落後到A或B等級；升上五、六年級時，則有掉到B或C等級的趨勢；然後上了中學，許多孩子甚至根本不想見到父母，把房門緊緊鎖上，連正眼都不瞧一下。

一起度過的歲月越多、一起相處的時間越長，彼此應該要更加了解、相愛、溝通無礙才是，但反而變成無法互相理解和溝通的情況，究竟是什麼原因造成的呢？

千萬不要學我

美國華盛頓大學心理學教授約翰·高特曼（John Gottman，一九四二～）博士，在過去五十年間研究了將近三千對夫妻，由於長時間針對夫妻進行研究，所以很自然的也將他們的子女列入研究的對象。

根據他的研究結果，可以看出在「情緒教練型父母[1]」底下成長的孩子，和父母的關係較好，學習能力、社會適應力、人際關係、問題解決力、疾病免疫力、逆境商數（AQ）與幸福指數特別高，成功的機率也較高。相反的「非情緒教練型的父母」，親

1 情緒教練型父母：指的是父母能接受孩子所有的情緒，再制訂行為的界限。他們覺得情緒沒有分好壞，而且是平常生活中的一部分，孩子表現情緒時，會尊重該情緒並耐心地等待，同時認為和孩子的情感交流非常重要，而且能尊重孩子的獨立性，幫助孩子自己找出解決方法。

子關係較差，兒子容易有暴力傾向，接觸菸酒的時機比較早；女兒容易憂鬱且自信偏低，受厭食症或暴食症所苦的情況也不少，並且會出現提早對異性產生興趣的傾向。

不過，無須在五十年間研究三千對夫妻，我們大概也能透過周邊多數的例子與經驗得知這樣的結果。無論古今中外，親子間的關係對子女有舉足輕重的影響，這樣的事實我們無法否認。

你屬於哪個等級的父母呢？回答S等級的超樂觀父母，真的很感謝你們，我相信只要到這些人的身邊，應該就會發生許多好事。我看起來也像S等級的媽媽吧！

父母教育的講師大致可以分成兩種類型，第一種是「跟隨我」（follow me）型的講師，也就是把自己的子女教養得非常優秀，自信滿滿說著「請你跟我這樣教」的講師。舉例來說，他們會說：「像我這樣教的話，就能通過三個國家級考試」、「像我這樣教的話，就能進入常春藤盟校，成為名校榜首，還能通過醫生考試」，這樣的講師便稱作「跟隨我」型講師。

第二種是「警惕心」型的講師。「絕對不能像我這樣教」、「像我這樣教的話，孩子會自願退學，患上憂鬱症，還可能會離家出走或是陷入自殺危機。」我是「跟隨我」

型講師嗎？還是「警惕心」型講師呢？

假使我自稱是S等級父母又是「跟隨我」型的講師的話，會怎麼樣呢？各位聽了我的話心裡一定會覺得不安，回到家後會卯起來管教孩子。還有聽了這樣極度自我炫耀的講師演講後，套一句我家小孩的話，根本會「倒盡胃口」吧！

幸好我是C等級的父母，而且當了很久的「警惕心」型講師。

把子女當成炫耀品的愚蠢父母

我過去費盡苦心的想把我的兩個孩子培養成「炫耀品」。想要這樣，得達到幾個目標才行。首先孩子的書要念得好，然後要拿很多獎，當然還得是班上幹部。所以我家兒子每年二月底會非常忙碌，因為三月一到就要舉行學年幹部選舉，這是成為我炫耀品的憑證。

因此每到寒假，我就會先讓兩個孩子寫好政見發表的文章，兩個孩子雖然心不甘情不願，但因為媽媽的強迫，還是把文章都寫了，然後經過我好幾次的修改、補充，接著把完成的發表文章交給孩子熟練的背誦，要是沒好好背誦的話，會被我教訓得很慘，因此兩個孩子的春節假期總是在憂鬱中度過。

每年開學的幹部選舉，我家的孩子總是能當選，而我一直以來都是幹部的媽媽。

到了小學五、六年級，又想要讓他們做什麼呢？當然是選全校學生幹部啊？這樣他們才能成為更大的炫耀品。

由於準備全校幹部的選拔比班級幹部需要更多的時間，從二月初就要開始著手進行，不只演說要說得好，還需要準備各種的活動，同時也要收集、分析當時最受歡迎的電視節目或是流行語。

孩子不是我一個人生的，我無法坐視孩子的父親什麼都不做，所以會把競選海報交給他負責。丈夫也有意把孩子打造成炫耀品，便積極參與協助，只是他不太有畫畫的天分，當時又不像現在能用電腦繪製海報，陷入苦惱的丈夫最後決定將海報交給設計公司去做。

當時我兒子上的小學約有三千名學生，那是一所不少孩子得透過轉遷戶籍才能就讀的名校，而那些人之中也包含了我兩個孩子。

儘管當時我是那所學校的老師，但因為想進來的學生太多，連老師的女子也收不下，所以只好將戶籍遷入附近認識的人家中，好讓孩子可以順利就學。這些為了孩子遷戶籍的父母，大多跟我一樣對孩子的教育有著過度的狂熱，也因此該校的學生會會長選舉，就如同總統大選一般盛大。

當時光是學生會會長、副會長就有將近二十組候選人，數十張的選舉海報張貼在校內各處，其中我兒子的海報格外顯眼，之後學校甚至還出現了「海報不能外發製作」的規定。

就這樣在有著扭曲熱情與過人選舉策略的父母底下成長的兒子，理所當然的當選了學生會會長，而且還和第二名出現了極大的票數差距。以往學校學生會會長選舉的票數差距一向不大，也因此我兒子的得票數從此成了傳說。

在那之後，像我一樣想要讓自己的子女擔任全校幹部的父母，相關的諮詢邀約開始蜂擁而至，讓那些學生全都當選後，我也成為了不起的「選舉戰略家」，或許當時的我還能考慮辭掉學校工作，轉行去為政治人物競選呢！

父母說什麼就做什麼

我從學校下班之後，回到家裡的時間是下午五點到五點三十分之間。在孩子四年級之前，下班後不管任何聚會、聚餐或研習，我都不會參加。因為我認為，想要讓孩子養成正確的學習習慣，在這個年紀之前是關鍵。簡單的說，我是為了要控制孩子學習才準時下班的。

我回到家後，孩子會出來迎接。

「您回來了啊！」孩子打招呼的說。

我沒搭理孩子，鞋子都還沒完全脫好，就沒好氣的說：

「拿聯絡簿來，今天有幾項作業？作業都寫完了嗎？」

「因為作業很多又很難，所以還沒寫完。」

孩子的藉口倒是很多。不過他們話還沒說完，我的指責馬上就如槍林彈雨般落下：

「媽媽是怎麼說的，在媽媽回來以前要把作業寫完，我有沒有這樣說過？不過是作業會有多少？會有多難？你們跑去玩了吧？做別的事了吧？」

就這樣邊說邊走進客廳，然後把手放到電視上。為什麼要這麼做呢？因為根據電視發燙的程度，可以估計孩子看了多久的電視。

我說著：「看了三十分鐘吧！」或「看超過一小時了吧！電視都要著火了，就是這樣作業才寫不完。」並繼續責備，「你知道你有多少事要做嗎？要去補習班、念書、寫習題，現在連作業都沒寫完，你要怎麼辦？」我的音調越來越高。

孩子們辯解著：

「對不起，本來想說看一下就好的，誰知道看著看著……」。

我不聽孩子們解釋，繼續訓斥：

「你啊，你知道媽媽最討厭聽到什麼話嗎？就是『對不起』，不要跟我說對不起。快進去，六點以前把作業寫完，沒寫完的話就不能吃晚餐。」兩個孩子聽完我的話，垂頭喪氣的回到各自房間。

我生氣的回到臥房，本來要換衣服，又突然想起今天是考試的日子。由於我在孩子就學的學校任教，孩子的學校日程我可是瞭若指掌，我又把兩個孩子叫了過來。

「你們兩個出來一下，今天有考試吧？我不是說考完後回來要把考卷放在餐桌上，為什麼沒有考卷？快拿出來！」我大聲說著。

我翻了翻兩個孩子攤在餐桌上的考卷，看什麼呢？出了什麼題目一點都不重要，對我來說重要的就只有分數而已。但是分數我不滿意，又再重新打量，這次我會檢查孩子寫錯的問題，接著劈頭對孩子說：

「喂，你這題為什麼會錯？媽媽是怎麼說的？有沒有說過題目要讀完？怎麼可以犯這種錯？明明說要選錯的，你卻選對的，你這些都知道還寫錯？眼睛有問題嗎？昨天晚上看電視看那麼晚，又東摸西摸時我就知道成績一定不會好了，再多讀一次就可以全對了，不是嗎？」

在媽媽的嘮叨聲中，兩個孩子像罪人一樣說著「對不起」，而我則充滿怒氣的說：「我說過，別再說對不起了，快進去，趕快寫功課念書。」

等我要準備晚餐時，又想起了另一件事，「你們再出來一下。」

「又怎麼了？」兩個孩子問。我繼續沒好氣的說，「你們昨天補習遲到了快十分鐘，為什麼會遲到？媽媽是怎麼說的？有沒有說要提早十分鐘到補習班，先讓心平靜下來後再開始上課？氣喘噓噓的跑去上課，還聽得進去嗎？你們知道那間補習班有多貴嗎？你算看看，遲到十分鐘會損失多少錢，爸爸媽媽賺錢幫你們繳昂貴的補習費，就要知道感恩，然後認真上課。我有要你們做什麼事嗎？是要煮飯還是洗衣服？你們要做的事除了念書還有什麼嗎？到底在搞什麼補習竟然會遲到……」我就這樣不停的嘮叨著。

晚上七點，是我們家固定的晚餐時間。我從某位教育學者的書上讀到，規律的生活有助於孩子的腦部發展，所以總會在固定時間開飯。飯菜都準備好的時候，我又大聲喊著兩個孩子：「孩子們，吃飯了。」

媽媽叫了一次就應該要快點出來才對，但卻一片安靜。此時媽媽一定會發火吧！我又提高了音量：

「你們還不快出來？在幹什麼？」如果孩子們還是不出來的話，「你們是把我的話當耳邊風是吧？到底在幹什麼？耳朵聾了嗎？」我會使勁的破口大罵，孩子仍舊不出來的話，音量就會越來越高，「你們還不快給我出來？在幹什麼？我是這個家的煮飯婆嗎？吃完飯我還有很多事要做，快點出來！」

這些話我要說給誰聽呢？除了孩子，還有坐在電視前事不關己的丈夫、婆婆、公公以及小姑。當時我住在婆家，下了班回來之後，一個人做著家事更讓人火大，所以為了讓他們聽到，我的音量總是很大，也因此孩子們是聽著母親無止盡的嘮叨長大的。

這樣的情況只會發生一天嗎？只會發生兩天嗎？這樣的事是每天每天只要我眼睛一睜開就開始，直到眼睛閉上才會結束，只要孩子在我眼前，我總是會指示、命令、確認、催促他們做些什麼。

各位聽到我對孩子說的話，心情怎麼樣呢？覺得心裡很平靜，想要做點什麼？感受到我很愛孩子？會有這樣的想法嗎？完全不會吧！是不是感覺快要崩潰、想要砸碎什麼、想大吼大叫、想要出去、想要攻擊什麼……。

我照三餐每天說著這樣的話，卻一次也沒想過「我的孩子聽了會有什麼感覺？」反而一直覺得「像我這樣的媽媽到哪裡找？像我這樣認真上班，準時下班後專心顧家，還把孩子照顧得好好的媽媽，打著燈籠都找不到，能遇到像我這樣的媽媽，是我的孩子得到上天特別的祝福。」

我們家的家訓是「父母說什麼就做什麼」。

「媽媽叫你做就做，哪來這麼多話？媽媽為了你們都打聽好了，給我照做就是了。不聽老人言，吃虧在眼前。」

我用這樣的方式強迫孩子服從命令，因此我們家就像是恐怖的軍隊組織一樣。

丈夫和我個性完全不同，我是積極、活潑、開朗，行動派的O型，丈夫則是謹慎、敏感、纖細，完美主義的A型。丈夫的個性可能太過文雅，總是像蒙著一層紗一樣，無法好好表達他心裡的話，和這樣悶到快爆炸的丈夫相處，唯一合得來的只有一項，那就是管教小孩。只要我一罵小孩，丈夫總會火力支援。別的情況還不見得會站在我這邊，但只要罵小孩就會和我聯手，讓我火發得更氣勢猛烈。

可怕的媽媽、總是站在媽媽那邊的爸爸，在這樣的父母底下成長的孩子，就像是要他死就裝死的乖乖牌一樣。我的兒子一直是別人口中所謂的「完美兒子」，不但拿到全校一、二名，包攬各種比賽的獎項，還當選學生會長。大家總是羨慕的說：

「他們家的孩子不但一表人才又會念書、口才又好，簡直是完美。」

每聽到這種話，我就會十分得意，自覺真的把孩子教得很好，以為我的孩子會永遠一帆風順。

當時我並不知道這樣的教養方式是有期限的，有效期限到什麼時候呢？最近的孩子像我這樣教的話，很難撐過小學五、六年級。我家小孩出生於一九八〇年代後期和一九九〇年代，那個時期的孩子還可以撐到中學二、三年級，不過我們家小孩稍微又比別人撐了久一點。為什麼呢？我們學校的學生幫我取了一個外號，叫「雙刀流」。意思是兩手都拿著刀的女人。因為媽媽如此恐怖，兩個孩子中學時期平安無事的結束了。兒子高一結束要升高二時，感覺開始有點浮動，但我和丈夫聯手平定了下來，順利到達了高三。

高三的學生在三月時會有一場模擬考試，兒子在那次的模擬考試中，擠進了全國前一百名，成績維持在最好的等級，繼續這樣下去，進入名門大學已是勝券在握。我掐著指頭等待大學入學考試的那一天，大考結束後，寫著我親愛兒子名字的紅布條會掛在學校門口吧？我一直幻想著那天的到來。

高三兒子的爆炸宣言

然而就在某個充滿紫丁香香氣的四月春日，那樣優秀且聽話的兒子，抓著下班的我對我說：

「媽，我有話要說。」

「要說什麼？」

「你先坐好。」

「你忙我也忙，簡單說重點。」

在我的催促下，兒子有點不耐煩，音調也高了起來：

「你先坐好，我要說的話很長。」

「你現在哪有時間說這麼長的話？還不快進去寫習題，我很忙快點說，你是要用網路上課嗎？還是要再多上一個補習班？不然的話是要買講義嗎？」

無論何時我老是說：「快！快點！我忙！」如果沒有這麼說，我是無法說話的。我連瞧都不瞧兒子一眼，只催促著他快點說話。兒子對著我的後腦勺說：

「我實在無法去學校了，我能不能先休學，以後再去考學力鑑定考試？」

從兒子口中說出來的話太令人震驚了，當時已經是四月底了。各位會對這麼說的孩子講些什麼呢？是啊，人生很長，休學後去做想做的事吧！會這麼說嗎？我說出口的第一句話是：

「你瘋了嗎？你以為你在上幼稚園嗎？你去對全國的高三生做問卷調查看看，哪有不覺得辛苦的高三學生，你給我好好打起精神，現在是最重要的時候，稍有疏忽的話就前功盡棄，沒剩幾個月了，再忍耐一下。」

那天我為了要讓兒子清醒，罵了他三十分鐘以上，丈夫知道這件事後，和過往一樣和我同個鼻孔出氣也罵了他，兒子砰砰關上門進了房間，我又把兒子叫了出來，再進行三十分鐘以上的禮貌教育。

「怎麼可以在父母面前甩門呢？你從哪裡學會這麼做的？」

兒子的淚珠一顆顆落下，進了房間把門鎖了起來。

隔天開始兒子就不再提不去學校的事了，但是早上起床的時間卻越來越晚，這輩子未曾有過的遲到也開始了。我好說歹說勉強把他送到學校後，他也會用頭痛、肚子痛等各種理由早退。回到家之後，家教、補習班都不去，就只是躲在房間裡。

接下來五月、六月、七月，我們家簡直就是戰場，和地獄沒有兩樣。從來沒有頂過一次嘴的乖乖牌，某天開始變得會頂嘴，每句話後面都像加調味料一樣加個「靠」字，還有不知從何開始，這輩子我壓根從沒聽兒子說過的「我操、幹你娘」都冒了出來。我簡直快要瘋了。我和兒子因為憤怒彼此相互吼叫的日子持續著，當中到底發生了多少事呢？和孩子間永無止盡的戰爭，那無數的事件要如何一一用言語表達？

先撇開那些事件不提，那年的八月三十一日，兒子最終還是在自願退學書上蓋了章。以高三生的身分在八月三十一日休學的孩子，全世界只有我兒子了。在學校名列前茅，擔任全校幹部，曾是學校希望之星的模範生，為何會突然休學，沒有人能理解。

「你有什麼比不上人的！」不管我再怎麼追問著，回覆我的只有兒子緊緊關上的房門而已。

高二女兒也跟進

兒子休學後，把所有希望都壓在兒子身上的我，猶如天塌下來一般的悲傷。

在不知何時會結束的絕望中，過著如同地獄般的日子，幾天後，當時就讀某知名女校高二的女兒這麼說：

「媽，我也有話要說。」

我忽然心裡一沉，「不要說，我現在因為你哥都快死了，你想看到媽媽發瘋嗎？」

儘管想堵住孩子的嘴，但冰冷的話還是傳入了耳裡，女兒的話完全在我的意料之中。

「您還是聽我說吧！那麼了不起的哥哥都不去學校了，沒那麼好的我為何還要去上學？我也要休學。」

女兒的話如同晴天霹靂般讓我的眼前一片黑。

「怎麼連妳……連妳都……你們要媽媽怎麼辦？」

和兒子跟我說完話後的狀況一樣，我開始大吵大鬧、責罵、訓斥，心裡想著至少要保住女兒。我用盡了恐嚇、威脅、勸誘各種手段，硬是把校服套在早已長大的女兒身上，和丈夫輪流開車帶她去學校，可是只要把她帶到前門，她就從後門溜走，就這樣不斷的缺席。最後，女兒也在那年的九月底在自願休學書上蓋了章。

大家都說人生中最重要的畢業證書是高中畢業證書；最珍貴的朋友是高中同學。曾是那麼優秀、又是我的炫耀品的兩個孩子，現在連高中畢業證書、同學都一一失去了。

俗話說沒有贏得過孩子的父母，直到孩子自願休學之前，我都無法理解這句話。「父母贏不過孩子的話，那誰贏得過？不聽父母的話，就趕出去啊！」我曾這麼自信滿滿的說著。但就在幾個月之間，接連的事件之中，我深切感受到這世上真的沒有贏得過孩子的父母。

休學後兩個孩子都做些什麼呢？就只是在家裡吃飯、睡覺、打電動，然後再吃飯、睡覺、打電動，吃飯、睡覺、看電視，吃飯、睡覺、下載電影來看……，兩個孩子就鎖在兩邊的房間裡，在裡面守著自己的孤城。

他們就像遊戲成癮、影片中毒的人一樣，家裡摔碎的電腦螢幕、手機，剪斷的電腦線越來越多，孩子築起的城牆也就越來越高。

這樣的歲月經歷了多久呢？一個月、兩個月、三個月……無情的歲月流逝，一年半就這麼過去了。在這如同地獄般的時間裡，兒子漸漸變成廢人，不但連家門都不出去，房間裡也不讓光線照入，甚至社交恐懼的症狀，變得越來越嚴重。

這件事已經過很久，直到現在，我才能這樣若無其事的說著。在那一年半的時間裡，我是在生不如死的痛苦中掙扎著。雪上加霜的是，丈夫一帆風順的事業，也如同做夢一般在一夜之間倒閉，雖然心裡知道，丈夫的事業短時間也無法迅速恢復，但也完全看不到好轉的跡象，情況反而越來越嚴重。

討債公司找到學校來，站在我上課教室的窗外等著，甚至在教會做禮拜時，也站在後面，形成一股恐怖的氣氛，但徘徊在家門口的討債公司，卻也因為感覺我的家很可怕，所以從不會進門。在負債累累的情況下，我們只好搬到位於地下室的租屋裡。

那段時期，每一天我都很痛苦，從某天開始，我突然這樣祈禱著：

「我真的很想死，但身為基督徒不能自殺，所以今晚請沒有痛苦的帶走我的靈魂，好讓我明天早上能前往天國。」

然而隔天早上，我依然好好的睜開眼，此時，憤怒就會向我襲來。

「別人都很容易心臟痲痺，為何我的心臟如此強壯？我該怎麼做才能死呢？」

我每天都以這樣的心境活著，怎麼可能會健康呢？在這樣的壓力下，我曾三次昏倒送急診室，在不清醒的狀態下開車，三次撞到人，還有三次被車撞，住院好幾次，其中有兩次還必須動大手術。

但是，我家的兩個孩子依舊不為所動，簡直就是冷血無情，甚至看我昏倒後，還冷笑著說：「作什麼秀啊！」某次昏倒把我送上救護車後，只打電話聯絡我丈夫，跟都沒跟到醫院來。總歸來說，就是變成了可怕的孩子。

就算這樣我還是不想放棄，只要看到孩子還是會逼問：「什麼時候去考學力鑑定？何時要上大學？怎麼在玩？怎麼在瞎混？聽個網路課程也好，還是去寫個習題？」是我沒有清醒過來吧！

由於丈夫的事業沒有好轉的跡象，我心裡想著「現在該由你們來撐起這個家了，總該要認真念書了吧！」內心變得更焦躁不安。雖然一身債務，但只要能讓孩子們上大學的話，不管什麼事我都會去做。

看著成績比我家孩子差的朋友的孩子，都一個個進了好的大學，更讓我抓狂。心想如果我這條命死不了的話，不管用什麼手段或方法，我都一定要送他們進大學。

只要我和孩子一對上眼，孩子就會用可怕的眼神瞪著我說：

「光聽到媽媽的聲音就起雞皮疙瘩，聽到媽媽說話就覺得喘不過氣，拜託妳不要講話，嘴巴閉上吧！想看我們死嗎？」他們會像這樣大聲怒吼著。

我根本無法和孩子對話，兩個孩子看到我就像看到仇人、看到蟑螂一樣，然後我也會對著孩子回罵著難聽的話，而那些話更是劃破彼此的心，讓彼此更加難受。

我實在是太過委屈又生氣了。

「我做錯了什麼？我是怎麼拉拔你們長大的？像我這樣的媽媽要去哪裡找？」

那是一段十分艱辛的日子。

兒子的可怕舉動

痛苦的時間不斷持續，我也慢慢開始放棄了，但在內心的一個角落裡，仍然抓著最後的希望繩索緊緊不放。

女兒和我個性完全相反，她比較像敏感纖細的丈夫，所以我心想「女兒不像我，個性也固執，我還是放棄她吧！」但是我自認為和我極為相似，又聰明了不起的兒子，我可不能輕易放棄。

某天回到家裡，只有兒子一個人在，我想這是個機會，便試圖要和他對話。

「兒子！跟媽媽聊聊。」

「我跟妳無話可說。」

「你怎麼這個樣子？不是一兩天，而是天天如此，到底為什麼會什麼事都不想做呢？你說話啊！說話啊！」

我像是哀求一般說著責備的話，然而兒子卻用兇狠的目光直盯著我說：

「媽，我原本以為媽媽的腦筋很好，但現在看來好像不太靈光，到底是像誰啊？」

這話誰說過呢？那是我在兒子小時候無心說過的話，而現在兒子用同樣的語氣對我說。瞪著我好一會兒，語氣更加兇狠：

「我為何會這樣妳不知道嗎？要告訴妳嗎？」接著用手指著我，「我會這樣，都是妳！都是因為妳！妳想想過去是怎麼對我，是怎麼對妹妹的？被壓得喘不過氣的生活，還算活著嗎？爸爸的事業為什麼會倒閉？爸爸為何會變成那樣？全都是因為妳，就這麼搞不清楚嗎？」

兒子脫口而出的衝擊話語，讓我幾乎昏厥過去，這些話我完全沒有意料到，我幾乎是放聲哭喊著說：

「你都說完了嗎？你是怎樣？怎麼可以說這種話？我是怎麼把你養大的？想去的地方沒去，想吃的東西也沒吃，想穿的衣服沒得穿，想買的東西也忍住沒買，是這樣把你拉拔大的，這一點你比誰都清楚啊？」

然而他的回答卻讓人更氣絕。

「誰叫妳這麼過的？不是妳自己喜歡才做的嗎？媽媽要去玩時，我什麼時候抓著妳不放了？媽媽要買東西時，我有搶走妳的信用卡不讓妳買嗎？從今天開始去玩吧！妳口中說的昂貴家教費、補習費，現在都不用付了，也不用做飯給我們吃，去玩個一兩個月回來，有誰會說什麼嗎？盡情去玩吧！到百貨公司把想買的衣服都買起來，還是要去看時尚秀？沒有人會攔妳。」

兒子挖苦我的話，像是把匕首插在我胸口。

聽到這樣的話，我一股氣湧了上來，不自覺的拿起旁邊的掃帚揍了兒子幾下，正想再多打幾下時，兒子一把抓住我的手腕，殺氣騰騰的看著我，頂撞著說：

「妳又做對了什麼可以打我？我這段日子也累積了不少，今天就來算清楚吧！」

那天，我被比我要高出許多，身高一百八十左右的兒子逼到牆角，該聽的、不該聽的話都聽了，我雖然有滿腹的話想說，但在這個當下覺得如果再多說一兩句，可能就會被兒子掐住脖子或是痛打一頓，我心裡盤算「今天的時機不對，完全沒有人可以幫我，要是被兒子揍的話，會因為太丟臉而不敢向任何人說。」

此時，兒子突然開始變得可怕了起來，我慢慢後退像是逃命一樣，好不容易從大門逃了出去。儘管如此，我還是鼓起媽媽最後僅存的自尊邊喊著：「臭小子，你下次就知道了」一邊往外面逃去。

我整晚都在路上徘徊，想著自己的處境有多麼無語、悲慘，眼淚漸漸模糊了視線，無論我怎麼想，都無法理解自己到底做錯了什麼。

女兒的自殘騷動

發生這樣的事後，我覺得兒子太恐怖而不敢再招惹他，想說試著挽救一下不像我的女兒，沒想到女兒更是不容小覷。

女兒當我是個透明人，我問的話完全不回答，甚至連我做的飯也不吃，雖然同住一個屋簷下，但一個禮拜、十天、一個月裡往往都見不上一面。

某天我出公差，比平常要稍微早一點下班，拖著疲憊的步伐，無精打采的走回家。快到家時，不曉得從哪裡傳來一陣悲痛的哭聲，我心想到底是誰這樣哭著，傾耳聽著，發現是從我家傳出來的聲音，熟悉的聲音就是我的女兒。

我擔心發生什麼事，嚇得快跑回去，家門前已經有好幾位鄰居正議論紛紛。我急忙打開大門進去，家裡一片混亂，女兒鎖上了房門，像是動物吼叫般放聲大哭，無論我怎麼求她開門都沒有用。由於實在太過擔心又好奇發生什麼事，我走到屋外爬上椅子，從窗戶的縫隙中偷偷查看孩子的房間，映入眼簾的是讓我十分衝擊的畫面。女兒的房間就像是被炸彈炸過一樣，撕碎的衣服和書本散落一地，連堅固的衣櫃門都被砸碎，哭著坐在床上的女兒，整個頭剃得精光，雙手滿是鮮血，臉上的表情更是難以言喻。在這情況下，我卻滿是憤怒，思索著「要怎麼管教孩子，別人才會知道我很厲害」我像個瘋子一樣使勁敲打孩子的房門。

可是，突然有個念頭出現在腦海中，「這樣下去我的孩子要是死了怎麼辦？萬一自殺的話怎麼得了？」

一想到孩子死後我的人生還有什麼意義？我不禁背脊一涼，整個人突然驚醒，恐懼感瞬間襲來。

我收起想訓斥孩子的話，回到自己的房間，那晚孩子在她的房裡，我在我的房裡嚎啕大哭，我整晚都在思索「我到底從何時開始，做錯了什麼？」

2 從哪裡開始出錯了呢？

原來，一直以來我並不是父母，
而是管理者、監視者還有統治者，
而且是非常恐怖且糟糕的那種。

充滿憂鬱的大學時期

我的人生總是只看著前方，匆忙的上班，準時下班做飯給家人吃，檢查孩子的作業，念書給他們聽，做家務到深夜後，拖著疲憊的身軀就寢，再重新早起上班，如此過著周而復始的生活。就算是分秒必爭忙碌的日常，也還算是馬馬虎虎知足的過著，到底哪裡出了錯？那天我開始回顧自己的人生。

孩子們幼年時期發生的無數事件，就像走馬燈一般一閃而過，突然間我理解到了兩件事，一是我不曾真心的稱讚孩子，再來我也從來不曾好好看著孩子、和他們對話。

我是個貪心的人，畢業於當時只有高材生才能就讀的知名女中。父母其實是希望我讀重實務的女子高商，因為當時爸爸因糖尿病倒下了，家裡沒有什麼財產積蓄，再加上我底下還有兩個弟弟和一個妹妹。有著傳統重男輕女思想的父母，覺得進大學就讀的應該是兩個兒子，而不是會念書的女兒。儘管如此，我還是堅持要讀高中，最後靠著「獅子會」的贊助和獎學金讓我完成了學業。

我雖然很會念書，但如果要進全國第一的大學讀想讀的學系，還是有些風險，再加上家境困難，下面還有弟妹們，萬一落榜，根本不可能重考，因此只能填報保險一點的學校。雖然以我的分數可以在知名私立學校拿四年的獎學金，但還有生活費得自己負擔，似乎不太容易。當時因為政策的關係，大學生無法打工當家教，想到沒有一定的收入要撐過四年，就完全打消念頭了。高中班導師知道我的情況，便推薦我去念當時兩年制的教育大學。

雖然教育大學也算名校，但我還是因為不是全國第一的學校而大傷自尊，再上成績比我差的同學都考上了更好的學校，看到他們裝腔作勢的樣子，更覺得自己可悲。最過分的是當時我的大學教授，從新生訓練開始時，就會有意無意的說著：「你們都是半推半就來這所學校的。」意思是「因為沒錢才讀這所大學」。這樣的話，一而再再而三的說，聽到耳朵都要長繭了，完全大傷自尊。

「由於經濟的緣故才讀教育大學」這樣的自卑情結，讓我和高中同學幾乎都不聯絡，聯誼也不出席，也不參加社團活動，幾乎是過著隱遁般的生活，我就這樣度過了心痛的大學時期。

我畢業的大學現在成為人人搶破頭想讀的學校，但我當時卻老是想著要休學，事實上我也真有這樣的打算。可是如果不上學，父母一定會要我直接去找工作，他們曾說過：「如果你連這所學校都念不完的話，更不可能拿到其他大學的畢業證書。」在這樣的危機意識下，我只好哭著苦撐到畢業。

現在回想起來，如果當時的教授這麼說：「恭喜你們考上全國最棒的教育大學，考進來的每個人都很優秀，這可不是隨便人都可以考上的學校。未來你們將對國家的教育有著舉足輕重的影響力，往後的日子請認真學習，成為讓人驕傲的老師，以拯救國家未來的主人翁。」讓我真的以進入這所學校為榮，我會不會更認真去學習呢？

我是父母還是監視者

儘管念大學時心裡充滿矛盾，但我的成績依然非常優秀，而且一畢業剛過二十歲就當上了老師，也幸好教小孩這件事很符合我的志趣，當老師讓我的人生變得愉快。

不過，我不想讓孩子的大學時期和我一樣黑暗，希望兩個孩子能代替我完成心願，進入名校或是美國常春藤盟校就讀，因此迫切的希望他們不要像我一樣沒有自信，能夠抬頭挺胸自豪的生活。

分發之後，我很認真的過著教職生活，對於學生的教育傾注了所有熱情，不僅在各種研習中名列前茅，在觀摩教學比賽、教學技能比賽和全國現場教學比賽之中，都包攬了第一名的成績。

當時，我是那樣的意氣風發，如果我的孩子很普通，我可是不會滿意的。我的標準是，我的孩子至少要比媽媽優秀，要比我教的學生中最優秀的還要更優秀，因此我家的兩個孩子從來都沒有被我稱讚過。

現在回想起來，我從來都沒有問過孩子：「你喜歡怎麼樣的朋友？你的夢想是什麼？你喜歡的朋友是誰？今天學校有什麼好玩的事？你做什麼事的時候覺得幸福？你喜歡老師哪一點？」

你們最近曾和孩子一起面對面坐下來，聊天超過三十分鐘以上嗎？不是嘮叨三十分鐘，而是聽孩子說話三十分鐘喔！

能夠營造氣氛讓孩子開口說話的父母；能從容的聽孩子說話半小時以上的父母；當孩子說話時，能注視著孩子表示贊同，讓孩子可以開心說話的父母，我覺得這樣的父母是「教練型父母」。

別說是三十分鐘了，我連三分鐘都不曾與孩子好好對話過，我對家中的孩子所說的話，不外乎就是「作業做了嗎？日記寫了嗎？有去補習班嗎？習題都解開了嗎？書念完了嗎？考試考得好嗎？」

總是只有這種確認、催促、指示、控制的話語，從來都沒有試著想理解孩子的內心。當我看到女兒做出我無法理解的事時，那衝擊的畫面，第一次才讓我有了「我的孩子一直以來是多麼辛苦啊」的想法，覺得「在我這樣的父母底下生活，是多麼可怕，好像整天都被追趕著一樣。」然後我才領悟，「原來一直以來我並不是父母，而是管理者、監視者還有統治者，而且是非常恐怖且糟糕的那種。」

就這樣大徹大悟的我，才開始思考「怎麼樣的父母才能在漫長的歲月中，和子女一起幸福的度過？怎麼樣才能帶領子女邁向幸福的成功之路？什麼樣的老師，在過了漫長的日子之後，還是會有學生前來拜訪？該怎麼做才能和孩子好好溝通？」然後為了解決這個煩惱，我向外踏出去了。

我開始走遍全國參加各種父母教育課程，也參加溝通相關課程，就這樣認識了溝通、領導、教練式輔導等各種領域的專家。然後接觸到「韓國領導力中心」中的全新教育領域，也在韓國教練式輔導中心、MIDAS學習研究所、韓國願景教育院、崇實大學CK教育研究所、TMD教育集團、領導力教練中心、HD幸福研究所、韓國夫妻幸福教練式輔導中心和亞洲教練式輔導中心的教育機構進修。就這樣取得了韓國教練式輔導協會認證（KPC，Korea Professional Coach）資格之外，還有其他二十多種各式證照。現在，在全國各地幫父母和老師們上課。

我是以何種心情來上課的呢？身為一個二十八年來不曾稱讚過學生，總是用「要好好念書、好好寫功課」這種強迫觀念來折磨人的老師，以著一顆對學生贖罪悔改的心來上課。每個人的幼年期、青少年期都只有一次，卻因為可怕的老師總是感到惶恐不安，我是以請求那些孩子原諒的心來上課的。

以這樣贖罪的心情來上課，為了讓委靡的孩子們活過來，讓變成仇人的親子、疏遠的老師與學生、陷入離婚危機的家庭得到和解。現在我深信這樣的課程能夠解救孩子與學校、家庭與社會，並認定這是我畢生的職責。

你們對子女來說是父母嗎？還是監視者呢？希望父母們都能一起來好好思考。

什麼是真正的成功

博學多聞、無所不知的我，為何會用那麼嚇人、冷酷的方式對待自己的孩子？這都是因為我對成功錯誤的想法所造成。我對「成功」的概念是「很會念書，考上令人羨慕的大學，再進入好的公司賺很多錢，地位越來越高，然後趾高氣揚的生活。」

一般提到「成功」，都會想到「金錢、地位、名譽」，但是沒有「幸福」的財富、地位與名譽，又有什麼用呢？金錢、地位與名譽，有時也會成為大災難，各位應該很常看到因為爭奪父母財產，造成兄弟姊妹鬩牆分家的事件吧！我則是托兩個孩子的福，很晚才領悟到成功並非得到金錢、地位或名譽。

那麼什麼是「真正的成功」呢？美國《華爾街日報》以「美國夢」為主題對一千六百五十四人做了問卷調查。當中有一題：「您覺得怎麼樣才算是成功呢？」答案出現了以下的結果：

第二名　擁有幸福的婚姻
第三名　擁有幸福的人際關係
第四名　尊重自己的朋友
第五名　站在自己所屬領域的巔峰
第六名　擁有權力或是影響力
第七名　金錢
第八名　名聲

那麼，第一名又是什麼呢？就是「成為受到尊敬的父母」。今天，請讓孩子好好坐在你面前，並這麼問：「孩子，你尊敬我嗎？」

很多孩子會說「我喜歡媽媽」、「我愛爸爸」，但尊敬這樣的話並不容易說出口。

我在孩子休學前的二〇〇四年，曾經進修過與此相關的「成功人士的七個習慣」領導力研修課程。在課程中有位講師出了一道作業，他讓我們回家詢問子女：「你尊敬我嗎？」並要我們將子女的回答發表出來。

作業當然要做得好看一點才行，我左思右想，覺得女兒對於這樣的問題，應該不會給出什麼好的答案，便刻意等待當時真的非常優秀的兒子回來。過了晚上十點，兒子一回到家裡，我對他說：

「兒子，來這邊的餐桌坐一下，媽媽有作業要做，你得幫我。」

「是什麼？」

「嗯，你只要回答媽媽問的問題就好了。」

「您請問。」

直接問兒子「你尊敬我嗎？」讓我覺得有點尷尬，於是便繞著圈子問：

「你覺得媽媽怎麼樣？」

中學三年級的兒子面有難色的說：

「媽，這一定要回答嗎？讓我很為難耶。」

「你就照平常想的來說就好。」我這麼催促著，兒子還是不停搔著後腦勺，「喂，還不快點回答，媽媽忙你也忙。」

那天，我脫口而出的依然是「快！快點！我忙！」在我的訓斥下，兒子思索了好一會兒，才回答：

「媽媽是很優秀的職場人士，而且是受人尊敬的老師。」

在兒子眼中的我，不過就是個認真工作、受家長喜歡的老師而已。

為何家長會喜歡我呢？因為只要是我任教的班級，孩子的成績定會突飛猛進，如果其他班有三個人拿獎的話，我們班會有十個以上的孩子拿獎，因此有很多父母會祈禱，希望能讓我教到他們的孩子。兒子很清楚這件事，才會說我是優秀的職場人士、受人尊敬的老師。說完他像是不經意般又說，「不過我是絕對不會跟上班族女生結婚的。」

這是什麼意思呢？這句話不就迂迴的表示，我在為人母方面是零分嗎？但是愚笨的我，卻沒聽懂這句話的意思。很多情況下，我們只會聽懂自己需要的話，選擇性的傾聽。由於我只聽到了很優秀、是受人尊敬的老師這樣的話，便這麼回答：

「是啊，男生很厲害的話，女生不用上班也行。你優秀就夠了，這樣的話找個會持家、教養小孩的女生，然後放些小菜到媽媽家的冰箱裡吧！我再給你錢。」

對於媽媽半真半假的玩笑話，兒子只是苦笑了一下，我對這樣的兒子又說了一句：「想這樣的話，就得認真念書，快進去讀書。」

那時，我應該要問兒子：「你為什麼討厭上班族女生？」兒子的話中蘊藏了許多想法，說出這句話的兒子，放了多少想法在其中呢？說出口的話只是冰山一角而已，底層不曉得藏了多麼巨大的冰層，而我卻錯過了。

父母的無知絕對不是因為沒有上學的緣故，擁有碩士、博士學位又如何？連自己孩子的內心都不懂。不曉得孩子說的話有什麼意思，就是無知的父母、不夠格的父母。

沒有駕照就開車的話，開車的人會被逮補。然而在無知的狀態下養育孩子，被關進牢籠的不是父母卻是孩子。

美國問卷調查的結果顯示，真正的成功是「受到子女尊敬的父母」，那麼該怎麼做才能受到子女的尊敬？問卷中也有人將成功定義為「成長並且共享」，我也深有同感。自我努力成長後，再將擁有的與他人分享，我覺得這才是真正的成功，為此而努力的父母便能獲得子女的尊敬。

可惜的人、痛苦的人、討厭的人

我記得在我小的時候，會把人分成「學識淵博的人、知名的人、品格優秀的人」。在下面的圖表中，橫軸代表能力，縱軸代表品行，這麼做能將人的類型分成以下四種。

我們提到第一種類型的人時，都會說：「他啊，真的很善良，人真的很好，但是……」不停強調「真的很好」，然而後面卻有些惋惜，這樣的人就是可惜的人。相反的，對第三種類型的人則是覺得「個性差也沒有能力」，這樣的人人生當然很痛苦。而第四種類型的人，能力出眾但品行不佳，無法忽視但也很難接近。第二種類型的人，品行和能力都很

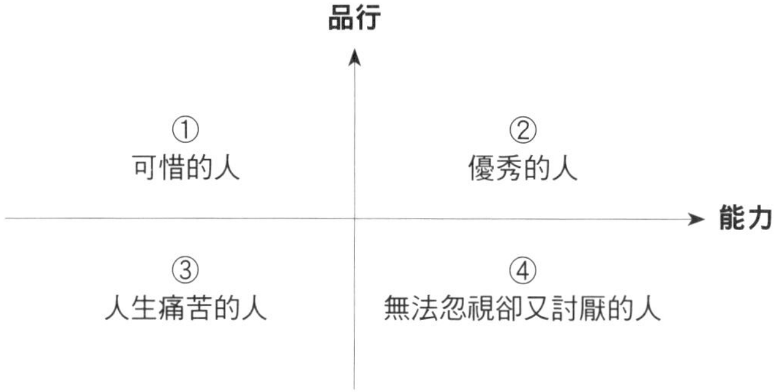

出眾，無論是誰都會尊敬他。

各位是屬於哪一型呢？其實我們都是第二種類型的人，一直以來都那麼努力的生活著。各位希望將子女教養成哪一種人呢？當然是希望教養成和我們一樣都是第二種類型的人吧！

可是，如果像我一樣用錯誤的成功概念來養育孩子的話，孩子們會怎麼樣呢？光是強調念書和能力的話，就會成為第四種人。一味的指使他們念書，結果闖了禍進了監獄，成為被人指責的對象。

曾經有某個住在高檔社區的媽媽這樣對孩子說：

「絕對不能告訴同學你去上哪間補習班，也不要說現在誰在當你的家教，還有老師教了什麼，你的筆記本也不要隨便借人……。還有不要跟住在貧窮社區的小孩玩，跟我們社區的孩子玩就好。」

他的子女進好的大學、賺很多錢、擁有高地位的機率比較高吧？可是也會有很高的機率成為第四種類型的人。靜下來想想，不是只有他們把子女教養成這樣，我同樣也把子女教養成這種人。

我的故鄉在全羅北道的鄉下，父母親為了要好好教育我的弟弟，便把家鄉規模不大的田地賣了，搬遷到都市全州，多虧於此我也才能在都市裡受教育，之後才到首爾讀大學並就此定居在這裡。孩子還小的時候，為了參加親戚的活動（如：周歲宴、婚禮、喪禮等），常要回到全州。不過自從孩子升上小學三、四年級開始，他們就再也不用回去了。為什麼呢？因為要念書啊！還有課後的補習班也不能缺席。

站在孩子的立場，回到祖父母家不但可以不用補習，還能見到表兄弟姐妹，又能拿零用錢，總是很開心，所以兩個孩子每次都纏著我說：「媽，也帶我去嘛」、「好想表弟表妹喔」。我當然一口回絕他們，因為這麼做不但補習班會缺課，回來累了的話也很難專心念書。

和公婆同住十多年之後，我們搬了出去。一年兩次公婆的生日就是家族親戚們一起聚餐的日子，如果和孩子的考試期間重疊的話，我就不讓孩子參加。雖然公婆會失望，但我才不管。

女兒七歲上小學後，由於個子矮所以使用大眾交通工具或是各項設施，小學生需要付費時，我總是會要求她保密。

「如果問妳上學了沒，要回答沒有，知道嗎？」

某天，女兒這樣對我說：

「媽媽，我已經上學了，為什麼要撒謊，媽媽不是說不要說謊嗎？」

「妳要懂得變通，這麼固執的話以後要怎麼生活？」我這麼告訴女兒。

我是這樣教養自己的孩子，那麼又是怎麼教班上的學生呢？難道教他們要說謊嗎？我是看人說話的，別人做的就是說謊，自己做的就是懂變通，以這種心態過活的我，是可怕的第四種人。我的孩子看著這樣的媽媽長大，難道不會被教養成同樣的人嗎？

如果我的孩子沒有休學，禁不住媽媽的逼迫，進了媽媽想要的大學，又做了媽媽想要的工作的話，會怎麼樣呢？只要想到我的孩子一不小心也會變成那種可恥的大人，不禁感到一陣暈眩。

孩子退學的原因

如果想把子女教養成品行與能力兼優的的人，該怎麼做呢？有自己思考、選擇、行動的能力，也就是要把他教養成擁有「自我主導學習能力」的孩子。我過了很久才理解為何孩子會休學。因為兩個孩子一直以來都是他人主導或是媽媽主導式的學習。

我會排滿孩子的行程，星期一要去的補習班、星期二要去的補習班、星期三要去的補習班，每天每天都安排好。孩子們做媽媽要他們做的作業，去媽媽叫他們去的補習班，寫媽媽要他們寫的習題，讀媽媽要他們讀的書，一路以來是這樣長大的。

我們班上的學生也是一樣，孩子們在我教的那一年書念得很好，但升上新的學年後，成績便一落千丈，家長們都說：「給老師教的時候書都念得很好，升上新的學年成績就變差了，真是擔心。」一聽到這樣的話，我甚至還覺得「是我教得好，原來其他老師這麼不會教啊！」事實上是因為，我用老師主導的學習方式來逼迫孩子的緣故。

他人主導的學習總會到達極限，我家孩子的極限是高二、高三。不同的孩子時間點會不同，但無論是誰，到達極限的一天總會來臨。

我在大學授課時，觀察到不少學生突破了困難重重的大考地獄，付了昂貴的學費才入學，但連一學期都沒念完便休學了。到了第二學期也有不少學生休學重考。

在第一學期就休學的學生算有勇氣，有的學生因為害怕父母，也不知道自己要做什麼，還是繼續來學校，結果修的學分不夠，過了四年依舊無法畢業。也有學生好不容易驚險畢業了，卻覺得不是自己想走的路，又再次進入大學。也有人就業之後重新回到大學念書，或是從一般大學畢業後，又回去重讀其他科系或學校。

為何會這樣呢？這個問題最大的原因，就是因為從小就沒有培養自己思考、選擇、行動的能力。習慣了只是依照父母或是老師的吩咐，然後根據大學考試的成績，進了父母、老師、補習班講師叫他們去的大學。無法自己選擇，只能被迫依賴他人，因而不斷發生遺憾，最終只是浪費時間、金錢、精神還有人生。

這樣的話，自我主導學習能力是如何產生的呢？許多教育學者指出了三點：「動機、行動、認知」，其中最重要的便是「動機」。

學習時「動機」是非常重要的要素。所謂的動機就是儘管安靜的坐著，也會產生想要做某件事的想法。如果我的孩子能這麼說的話，該有多好啊？

「媽，我睡不著。」

「怎麼啦？」

「因為我想念書。」或者，「媽，早上可以快點做早餐給我嗎？我在這個世界上最喜歡的就是去學校了，我想快點去學校。」

「爸，假期怎麼不快結束？週末去書店吧！我有好多書想看，我們家都沒有書。電視的聲音害我沒辦法好好讀書，爸爸媽媽怎麼老是把電視打開呢？關掉吧！」

如果我的孩子這麼說的話，就沒什麼好奢求了吧？但是孩子不太會這麼說，就是因為沒有賦予動機的緣故。

當你有想要做的事時，會怎麼樣呢？做那件事時會忘了時間，即使到了用餐時間，也會說等一下再吃對吧？我們的孩子也是一樣，他們如果能因為想要而念書，因為想要而去做該做的事，真的會很幸福。而看著這樣的孩子的父母，也一定會很幸福。

賦予動機的第一步是自信

如果我們的孩子都能賦予自己動機，開心的做想做的事並幸福的活著，該有多好呢？可是想要激發動機的話，需要什麼？若要選出兩個重要的條件的話，那就是自信和目標。

何謂自信？不就是「我真的做得很好、我來做的話一定會很好、我不管什麼都能做得很好、我真的很不賴」這樣的想法嗎？

那麼自信從何而來呢？自信是從稱讚而來的。得到肯定、尊重、支持和稱讚的孩子自信比較高呢？還是受到鄙視、嫌棄、指責、輕蔑的孩子自信比較高？當然是前者，因此自信的形成，後天的影響比先天來得大，做某件事時如果獲得稱讚的話，就會想把那件事做得更好。

將愛迪生的母親和我比較一下吧！愛迪生很聽話嗎？如大家所知，愛迪生是世界級的麻煩精，然而在愛迪生的傳記中，卻怎麼也找不到他的父母斥責他的內容，反而是描述老師的困擾比較多，也因此他小學二年級時就被退學了。儘管如此，他的母親認同並接受孩子獨特的行為，對著愛迪生說：「你只是和他們有點不一樣，和媽媽一起開心的學習吧！」

在愛迪生調皮的故事裡，最知名的就是在雞窩孵蛋的趣事了。假設我的孩子也去孵蛋的話，我一定會馬上追進雞窩，先從後背打下去，然後大聲說：「現在該是在這邊孵蛋的時候嗎？還不快去寫作業念書。」或是「你不知道現在流行禽流感嗎？沒看新聞啊」、「快起來，你知道雞毛跑進鼻孔裡會怎樣嗎？你支氣管這麼不好，萬一咳嗽怎麼辦，快去洗澡」……像這樣逼迫著。我只顧著想到兒子的支氣管不好，以為他著想的心來斥責他。

然而愛迪生的母親卻不一樣，她為了避免驚動到孩子，躡手躡腳的進到雞窩中，在孩子耳邊輕聲說：「你怎麼會有這麼新奇的想法啊？以後一定會完成什麼了不起的事呢！」這樣稱讚著。她肯定了並稱讚孩子的好奇心與潛力。

孩子們會做的事都很類似，任何一個孩子都不是從一出生開始就會做出偉大、優秀的事，父母肯定孩子的行為，才能提升孩子的自信，培養出這個那個都想做的動機。

假使愛迪生的母親喝斥他：「你再做一次試試看，看我會不會把你從家裡趕出去！」愛迪生便再也不會做這樣的事，也不會有後來的愛迪生了。就這樣愛迪生繼續做著奇怪的嘗試，然後發明了電燈，最後為人類帶來偉大的貢獻。誠如大家所知，電燈的發明並非在一夕之間完成，中間有無數的阻礙，如果愛迪生沒有自信，就無法克服這些逆境。從小時候開始，愛迪生的母親就透過肯定、尊重、支持與稱讚來培養他的自信，而那自信更成為他從困難中再次站起來的力量。肯定、尊重、支持、稱讚不僅是培養自信的核心要素，同時也是教練式輔導最重要的技巧。

肯定、尊重、支持、稱讚

稱讚的重要，無論再怎麼強調都不為過，甚至還有人說，稱讚能讓鯨魚跳舞呢！稱讚孩子時，他們往往會很開心，試著回想一下，我們最近稱讚了孩子什麼吧！

對於孩子的教育，我們多依賴外部的力量，有能讓英語發音變好的補習班，不管學費再怎麼昂貴，父母也會將孩子送去；擅長教數學的補習班距離很遠，就算得開車接送也要去；為了打聽哪家補習班比較會教才藝，不辭辛勞到處去詢問；只要能讓孩子的頭腦變好的食物，就算要花大錢也會買回來。

可是不用花費金錢、時間，隨時都能給予的「肯定、尊重、支持、稱讚」，父母卻吝嗇給予孩子。父母如果能經常這麼做，不但會讓孩子有自信，還能用自信培養孩子的學習動機，並提高自我主導的學習能力，讓孩子能盡情發揮自身的潛力。可是有許多父母不把重心放在這些自己就能完成的事上，反而將孩子的教育交給補習班。

我在大學、研究所和各種研修中，都是名列前茅、擁有優秀成績，還能領到獎學金的人。在教育大學、研究所還有各種教師研習中，我最認真學習的科目就是「教育學」。教育學最重要的理論就是「肯定、尊重、支持與稱讚」。課本裡的各種知識理論我都認真研讀，所有科目都拿了最好的成績，但卻沒有真正實踐，對我來說這是「死知識」。

我真的非常吝於稱讚，當兒子拿著全校第一名的成績回來，大聲嚷嚷著：

「媽，我拿到第一名了。」

我會說：「喂，小聲一點，把上個月的成績單拿過來。」接著比較兩份成績單後，「國語是進步了，可是數學怎麼退步了呢？你知道你報名的數學補習班有多貴嗎？自然、社會怎麼是這個分數？不要因為平均九十七分拿到第一名就開始自滿，你這樣的成績在名校裡，根本連中間的名次都沒有。」

我總是說著這樣的話，來挫孩子的銳氣。

各位知道誰比孩子讀名校的媽媽還要會教訓孩子嗎？就是住在名校周邊的媽媽們。雖然住在旁邊而已，但基於各種條件無法就讀，才感到焦躁不安吧！

我很久以前住在市中心，但當上老師後，第一次分發被派到其他區域，便乾脆搬家了。當時的房價都差不多，沒想到隨著時間過去落差越來越大，於是再也搬不回市中心。但我依然把孩子送到市區最好的補習班，總是琢磨著怎麼樣才能讓他和名校的孩子一起上課。幸好兒子書讀得好，他三歲就會認字，我認為他根本就是天才，但同時也覺得「我的孩子有這種程度是理所當然的」。但是女兒就不同了，別說是三歲，到了七歲還認不得幾個國字，簡直快氣死我了，這樣要怎麼讀小學呢？

一年級時最重要的考試就是聽寫，我認為聽寫考試能夠決定人生。女兒讀一年級時，我正在進修研究所碩士的課程，晚上九點半下課，到家已經超過十點。如果女兒隔天要聽寫考試，全家上下都會陷入戒備狀態。

在研究所下課途中，我會打電話給婆婆，請她不要哄女兒睡覺，回到家後，不管再晚都要讓女兒做聽寫練習。衣服都還沒換好，就要女兒坐好，口中念著「第一題是我，第二題是你，第三題是我們，第四題是國家……。」

但越念我的聲音卻越大，為什麼呢？孩子要拿一百分才行，但就連這麼簡單的題目，女兒都不能好好寫出來，讓我鬱悶不已，不自覺聲音就變得越來越大。但越是這樣女兒就越害怕，反而錯得更多，然後我便會斥責她：

「怎麼會不知道怎麼寫呢？其他小孩在妳這個年紀，不只中文連英文都會讀會寫了，妳這孩子怎麼會這副德性？」

時間越來越晚，女兒的眼皮也越來越重，這時女兒哭著哀求我：

「媽媽，我好睏，太睏了寫不出來，讓我睡覺吧！」

然而我卻大聲說著：「現在是睡覺的時候嗎？去洗把臉再回來！」

我讓女兒先去洗臉，然後再繼續，把七歲的女兒當成高三考生一樣，催促她念書。

就這樣認真練習到深夜，再把女兒送到學校，但女兒第一次聽寫考試拿到的成績卻只有六十分，真的讓我氣得說不出話來，女兒小心翼翼的拿出考卷要我簽名。

「這樣的分數我不能簽名，怎麼會拿到這種分數？這是我這輩子第一次看到的分數，這樣的成績妳敢回家？飯還吃得下去嗎？妳哥幾乎每次都拿一百分，妳怎麼會這樣？到底是像誰啊？明明我們家族的親戚都很會念書啊！」

我邊說著這樣的話邊斥責女兒，女兒的眼淚流個不停，看到她哭我又接著罵：

「妳是做對了什麼還敢哭，不要再哭了還不快進去念書？」

之後女兒拿了八十分回來，進步了二十分固然高興，但我仍然不滿意這個分數挖苦的說：「這次考試比較簡單吧？」

當女兒拿了一百分，興奮的揮動著考卷對我說：

「媽，我也像哥哥一樣拿到一百分了。」

那時，她有多麼渴望稱讚啊？但我卻殘忍的對女兒說：

「你們班每個人都拿一百分吧？有幾個人一百分？」

我為什麼要對兒子、女兒說這樣的話呢？為了讓我的孩子之後休學變成廢人，甚至準備自殺，才這麼說的嗎？不是的，而是因為愛，因為愛自己家的孩子比別人家的孩子多，用愛的藉口來做這樣的行為。我以為這麼做的話，孩子就會變得更好，以為這樣就會更謙虛。當時我並不知道這樣會給孩子帶來多大的傷害，會成為多麼尖銳的匕首，刺在孩子的心上，真的不曉得這樣的話不停累積起來，會殘忍的踐踏孩子的自信，斬斷孩子的動機，讓學習的動機喪失。很久之後我才領悟到，自己所說的那些責難的話，甚至將上帝賜給孩子的潛力都一一抹殺，是多麼可怕的行為啊！

不要激怒兒女

那些我所說過傷害孩子的話，約翰．高特曼博士將它們定義為「成為仇人的話語」，一直聽著「成為仇人的話語」成長的孩子，會有什麼想法呢？聽了這樣的話，內心會滋生復仇心，想著長大後總有一天要報仇。

雖然父母們大多以犧牲奉獻的心來教養子女，但等孩子長大後，別說是聽到對父母感謝的話了，變成彼此互不見面的仇人關係的也大有人在，原因就是「成為仇人的話語」所導致。

聖經中有這麼一句話：「不要激怒兒女。」（以弗所書六章四節，聖經新譯本）我雖然很早以前就開始讀聖經，卻不理解這句話的意思，直到讀到「成為仇人的話語」之後，才理解這句話真正的意義。一旦說了太多成為仇人的話語而激怒兒女，子女就無法好好成長。當親子關係變糟後，雙方都會變得不幸，因此不能對子女說這樣的話。

在二〇〇七年時，我出版了《讓孩子校園生活成功的五十五個策略》一書，當時還被列為家長必讀書籍，是很受歡迎的一本書。但是，書出版的那一年，孩子們卻休學了，真的很矛盾吧？媽媽出版了學校生活成功策略的書，但孩子卻休學，真的是讓人啼笑皆非。我覺得孩子們休學的原因之一就是「既然媽媽最重視的是學校，向媽媽報仇的方法就是休學」。

孩子們休學後足不出戶，讓我十分生氣，有次我叫他們乾脆去住奶奶家，或想去住阿姨家也行。但孩子卻嚷嚷著：「媽要去就自己去，我為什麼要去？」現在回想起來要對媽媽復仇當然要在媽媽眼前才行啊！

我不稱讚自己的孩子，但卻很會稱讚別人家的孩子。

「聽說〇〇這次每科都拿滿分，〇〇這次還領獎了，那家的孩子真是懂禮貌，還能做好自己的本分。」

我只要講這樣的話，孩子們聽到了就會很生氣。同樣的我也不會稱讚我的丈夫，反而很會稱讚別人家的先生。

「聽說○○的爸爸升職了、○○的爸爸還買了別墅、○○的爸爸好親切，對孩子們也很好。」

可是就算那樣稱讚別人家的先生，他連一千塊的小錢都不會給我；稱讚別人家的小孩，當我臥病在床時，那孩子也不會來倒水給我喝。我們應該要稱讚的是和我們最親近、對自己來說最珍貴的人，應該要稱讚我的丈夫、我的太太、我的孩子、我的父母兄弟、我的學生、和我一起工作的同事，但我卻總是錯過那些重要的人事物。

失去了許多之後我才明白這個真理，我是多麼愚蠢的人啊！

瞬間在遊戲場消失的孩子

我在學校裡是什麼樣的老師呢？在學習、作業、日記、發表、清掃、上課態度等各方面，我們班的孩子都要比其他班的孩子來得優秀，由於我一再強調「說什麼就做什麼」我們班就跟軍隊一樣，孩子們被我訓練得必須井然有序的把該做的事做得乾淨俐落。

由於我很重視課業，所以我出的作業要比別的班級多出許多，還有我會徹底檢查再加上嚴格的懲罰機制，幾乎沒有不寫作業的學生。我到學校後有很多要做的事，早上到校的時間比其他老師要早，因此學生們也都能早到。考試成績總是比其他班優秀，參加數學競試之類的比賽，得獎的學生是其他班的兩至三倍。在各種教學比賽和研究大會中，我幾乎都是第一名，每年學校主要的研究工作、教學觀摩都是我在做。看過我上課的人都讚不絕口，甚至還被製作成影片並在媒體上公開過。就這樣我的班級管理方式漸漸廣為人知，每到新學期，就會有不少家長希望我能成為他們孩子的班導師。

班上的學生在某次參加競試比賽後，曾這麼說：

「老師，我們班是第一名，其他班大約有五個人拿獎，我們班得獎的有十三個。」

當孩子們開心的這麼跟我說之後，我卻板起臉孔當面駁斥孩子：

「把那考卷拿給其他學校的孩子寫，他們全都可以拿一百分，有什麼了不起的，都給我閉嘴，還不快進去念書。」

很多老師會稱讚我們班的學生，上課態度認真，發表報告也做得很好，又很安靜。可是當我站到講台上看著孩子們時，卻沒有一個能讓我滿意。

「她怎麼每天都披頭散髮的，就不能把頭髮綁整齊嗎？他怎麼就偏要採鞋跟走路，就不能把鞋穿好嗎？他的字怎麼那麼醜？她上台報告的聲音怎麼像小貓叫一樣？他怎麼就只知道吃？書包裡的東西全亂成一團？書桌上怎麼這麼髒亂，置物櫃也亂七八糟的？書是念得不錯，但規矩怎麼這麼差？」

我不去看學生優秀的一面，只看他們做不好的地方，因此我總是站在講台上，不斷的指責孩子。當學生在學校外面遇到我時，會怎麼樣呢？

在我下班的路上會經過一個公園遊戲場，裡頭總是有孩子三五成群的玩著。某天，我路過時有一兩個孩子看到我之後，喊著：

「喂，來了！」

然後所有孩子便瞬間從遊戲場中消失。不只我們班的學生跑掉了，連別班的孩子也一溜煙消失無蹤，讓我頓時覺得也太不像話了。

「不管在哪裡看到老師都該打招呼吧！竟然通通跑走了，我是多麼認真在教學生，比其他老師提早一小時到學校，一大早就把作業都檢查完畢了。為了讓所有學生都有好成績，放學後還留下來做課業指導。為了讓每個孩子都學會吹直笛，下了多大的苦心教他們練習，督學來觀摩時，學生們甚至還能吹出二重奏、三重奏。對這樣的老師怎麼可以不打招呼就跑掉？」

隔天上班時，我把昨天那些逃跑的學生叫了過來。

「你、你、你、你，過來。」孩子們神色慌張的走出來。

「你昨天在公園看到老師了吧？看到老師就該打招呼，為什麼跑掉呢？」

當我用嚇人的聲音逼問孩子時，他們會怎麼回答呢？

「我沒有看到」、「我很久沒有去公園了」、「我搬家了」……各種辯解都有。

「竟敢在老師面前撒謊？」我給這些孩子一人一張A4紙，要他們在紙張正面根據六何法[2]，將昨天做過的事依照時間順序寫好，背面則要寫滿悔過書。

班上或是學校的學生逃跑，我還能夠理解，但當我在巷子裡遇到我兩個孩子時，心裡想這樣的巧遇，孩子會很高興吧？正想開口叫他們時，孩子已經消失無蹤，我的心猶如一陣冷風吹過。

「什麼啊？孩子們怎麼這樣？」

但至少他們是會念書又聽話的孩子，就原諒他們了。偶爾我會問他們：

「你剛剛在巷子裡是不是有看到媽媽？」

兩個孩子總是裝蒜的說：

「媽媽有看到我嗎？我眼睛不好沒有看清楚。」

2 又稱6W或5W1H分析法，即何事（What）、何人（Who）、何時（When）、何地（Where）、為何（Why）及如何（hoW）。

當時我完全不理解，孩子看到我為何會躲開。孩子們小時候全家人一起出遊時，我如果牽著孩子的手，他們一定會不停動來動去，然後把手掙脫放進口袋裡。

「這樣很危險，怎麼不牽手？」我問孩子。

「我不喜歡跟媽媽牽手。」

「那麼牽爸爸的手吧！」

「爸爸的手更不想。」

父母兩個人的手，孩子都不想牽。偶爾我有時間，可以陪他們一起去某個地方的話，孩子也不希望我陪同。如果我硬要接送，彼此就會說出傷害對方的話，讓心情大受影響。

身為老師或父母，我的等級絕對是糟糕的C等級，我前面說過的父母等級的有趣話題，其實是發自我內心深切的故事。各位爸媽現在是什麼等級呢？而那等級能維持到何時呢？各位如果是S等級的話，希望那個等級能永遠維持下去。

世上最困難的事

既然說稱讚能讓鯨魚跳舞，那麼何時該稱讚呢？你們什麼時候會稱讚孩子呢？表現好的時候嗎？但我怎麼看，孩子們都沒有值得稱讚的事，完全不符合我的標準。

我的女兒曾因為識字的能力不好被我狠狠的修理，我到後來才明白，她在語言方面發展有些慢，到了一、二年級才學會認字，但從三年級開始書就念得很好了。就連我兩個孩子書念得這麼好又聽話優秀，我都不曾好好稱讚過他們，更何況是我班上的學生，我更加不滿意。不管在家或是在學校，我都非常吝於稱讚。

直到某一天，我才突然大徹大悟，我的兒女休學後整晚熬夜打電動，到早上都爬起不來，兒子和女兒就窩在兩邊的房間裡，完全成了廢人。我因為還要上課，所以一早就起來，狼吞虎嚥吃完早餐再去學校。

不曉得是因為那天班上的孩子特別吵，還是我也被兒女的事搞得心神不寧，火氣特別大，因此打算把最吵的孩子叫出來罵。我站在講台上瞪著下面的學生，突然閃過一個念頭：

「天啊，他就算沒寫作業，還是這樣來了學校；他就算遲到，還是這樣厚臉皮的進了教室；他什麼都沒準備就來，在這麼恐怖的老師底下，還是沒溜回家，很會忍耐嘛；他是連打架都要來學校打……。」

孩子們不想去學校的原因有那麼多，因為天氣好、天氣剛剛好、天氣熱、天氣冷、下雨、下大雪、沒寫功課、今天有考試、有討厭的數學作業、看朋友不順眼、老師不喜歡我……各種理由，但孩子們還是戰勝了所有理由來了學校。

我是哭著等待我的孩子再次回到學校，什麼時候會穿上制服、背起書包，再回到學校去？等了又等，但兩個孩子還是窩在房間裡。我沒有意識到孩子們好好去上學、乖乖聽話，是多麼值得稱讚、多麼偉大如同奇蹟一般的事。

我以前曾在學校附近看過所謂的不良女學生，頭髮染得黃黃的，裙子短得可以看到屁股，襯衫的布料少得可以，扣子幾乎都快解開了。遠遠過了上學時間，還是跟男學生嘻嘻哈哈的在打鬧，我看著那畫面，實在覺得心寒。

「把自己搞成這副模樣，父母該有多崩潰，心裡會多鬱悶啊？」

然而不知從何開始，我卻產生羨慕的心情。

「頭髮染成這樣還是去學校了啊；穿著屁股被一覽無遺、一扯就會散開的制服，還是去學校了啊；背著裝滿化妝品的書包，擔心被導護老師抓到，還是去學校了啊！」

那樣的學生去學校做什麼呢？幾乎有一半會在上課時間趴著睡覺，這樣睡覺會有多麼不舒服，還要看老師的臉色吧？但他們還是去了學校。除了羨慕外，我甚至覺得他們很了不起。

我問了班上的學生：

「孩子們，你們知道世界上最困難的事是什麼嗎？」

對於老師突如其來的問題，孩子們說了各式各樣的答案。

「是啊，你們說的都是困難的事，可是老師在思考的時候，覺得有比那些更難的事，那就是來學校。」

我一說完，孩子們哄堂大笑。

「那有什麼難的？只要來就好了。」

「才不，真的是這樣！不過還有比來學校更困難的事，你們知道是什麼嗎？」

「是什麼呢？老師這問題是腦筋急轉彎嗎？」

「可能是喔！」

「猜對的話會有禮物嗎？」

「讓我考慮一下。」

這次果然也湧入符合孩子們思維的各種有趣答案。

「是啊！你們的回答都是對的，不過老師覺得比來學校更困難的事，就是『每天』來學校。」

孩子們拍著桌子不停笑著，但突然間教室安靜了起來。為什麼呢？因為我的雙眼在不知不覺間熱淚盈眶，遊走在潰堤邊緣的眼淚，已經被孩子們發現了。

孩子們看到老師的眼淚不知該如何是好，每個人都像做錯了事一樣低著頭，吭都不敢吭一聲。一個比較機靈的孩子趕緊拿了一張面紙過來，我用那張面紙擦了擦眼淚，同時讓心裡平靜下來，然後對孩子們這麼說：

「孩子們，你們一定很多時候都不想來學校吧？儘管如此，還是戰勝了無數不想來的理由，這樣乖乖來學校的你們真的很了不起。老師覺得這世界最難的事，你們卻做得這麼好，那麼還有什麼是你們辦不到的呢？我相信，不管什麼事，你們一定都可以做得很好，我真的對你們的未來充滿期待。」

孩子們突然間歡呼了起來。

今天開始要怎麼稱讚孩子呢？不管書讀得好不好，有沒有拿獎，有沒有選上學生會長，那都不重要，乖乖去學校才是不爭的事實！那麼辛苦的學校，我們的孩子不是只去一兩天，而是每年至少得上一百九十五天，這件事你有想過嗎？

孩子去上學是多麼令人感謝，如同奇蹟一般的事，爸媽們要何時才會明白呢？像我的孩子一樣，休學後待在家裡，打著電動慢慢變成廢人，看著那個模樣，你們馬上就會懂了，但這樣的事，你們想體驗看看嗎？

很多父母會把小孩送去私立學校或實驗小學，一年最少也要花三十萬，如果送到海外去留學，花費就更高了，可能要百萬、千萬以上。除了一年的教育費、生活費外，還要擔心孩子一個人無法自理，連媽媽也要跟著一起過去，也因而產生了所謂的候鳥爸爸。這些要忙著工作賺錢的爸爸，一年只能見到妻小幾次，為了讓孩子受到好的教育，夫妻要長時間分隔兩地生活，候鳥爸爸的孤獨是不可言喻的，甚至有不少家庭最後因為這樣得承受離婚的痛苦。

想想看，你們家裡那些乖乖上學的孩子，為了你們省下多少錢啊！所以，我們的孩子是很棒的。植物人長年臥病在床，某天手指突然會動了，我們會把這樣的事視為奇蹟。那麼為何每天能好好活動、好好吃飯、好好玩，並且乖乖上學不算奇蹟呢？非得要愚蠢的認為到了瀕死的地步再甦醒後，才算奇蹟？

今天也一如往常的去上學、上班回來，吃了我做的飯，和我在同一個空間裡呼吸，能和我作伴的孩子與家人都是奇蹟，因為有家人，才讓我的存在出現了光。從現在開始，每當早上一睜開眼，就要從嘴裡說出源源不絕的讚美。

「今天也乖乖去上學了啊，沒有受傷也沒做壞事，真的好感謝你能這樣平安回來，感謝今天你也好好活著，感謝你來當我的兒子還有女兒。」

像這樣用稱讚來填滿日常生活時，孩子潛在的能力也會被喚醒過來。

稱讚訓練

再怎麼說明稱讚的重要都不為過，但實行起來卻不容易，因為我們的社會並沒有形成稱讚的文化，我們對於稱讚或被稱讚都感到生疏，如果有人稱讚我的話，我通常會有以下的反應：

「哎呀，這衣服真的很適合妳。」

「沒有啦，這個是便宜貨。」

就這樣我穿的衣服大部分都是便宜貨。

「妳好像換髮型了？看起來真的很適合妳。」

「沒有啦，隨便找間理髮院弄的。」

就這樣我會隨便找間理髮院剪頭髮。

如果說：「你們家的孩子怎麼這麼乖，都會主動打招呼。」就會回答：「光會打招呼有麼用，要會念書才行」；如果說：「你們家先生真的很親切人又好」就會回答：「那麼你跟他一起生活一個禮拜看看」。我們的回答總把稱讚的人弄得很尷尬，我們誤以為這麼說就是謙虛，或是擔心一稱讚，當事人就會變得驕傲，也有像我一樣，不太會說讚美的話的人。後來，我的兩個孩子這麼說：

「媽媽不只從來沒有稱讚過我們，連別人稱讚我們的話，也總是會回答：『那有這回事』，接著再補上我們的壞話。我們讓媽媽操心的那一陣子，鄰居阿姨或是媽媽認識的人都太清楚我們的缺點，所以我們才會討厭面對她們，連招呼都不想打。」絕對不要在別人面前批評自己家小孩、家人或是對自己來說重要的人，他們在你們看不見的地方，對於那些話都知道得一清二楚。

我們為何很容易說別人的缺點，卻不太會稱讚呢？我去美國時有段非常尷尬的經驗。學生時期，我沒有花很多時間在英文上，就連現在都無法流暢的說出一句英語。去了美國才發現，連三歲的小孩英語都說得比我好。那是因為他們比我們聰明優秀嗎？不是的，因為英語就是他們生活中的語言。

相同的，我們不會說肯定、尊重、支持與稱讚的話，只是因為我們沒有試過，要做沒做過的事，當然會起雞皮疙瘩、開不了口。想要稱讚別人，就像要巴結奉承一樣，想著「我一定非得要做到那樣嗎？」其實稱讚也像說英語一樣，是需要訓練的。

請練習感謝所有看到的事物，稱讚所有相遇的人，試著領先他人來改變我們的文化吧！以後如果有人稱讚你家的孩子，就這麼回答：

「謝謝，真的很感謝你這麼賞識我的孩子，以後我會更用心教養他。」

如果稱讚自己的話，就回答：「謝謝你」，最好再加一句：「我似乎是這樣沒錯喔！」這句話不但讓你有自信還能讓人感到幽默。接著再找出稱讚你的人有什麼優點並告訴他，這麼做我們的文化就能漸漸轉變了吧？

以色列人一旦懷孕的話，會告訴肚子裡的孩子，他是多麼珍貴的存在，繼承多麼偉大的民族血脈。某間以色列學校成績單上的評語，也能給我們不少啟示：成績前段學生的成績單上寫著「這位學生非常擅長三位數乘以三位數」；中段的學生是「非常擅長二位數乘以二位數」；成績較落後的學生則是寫著「非常擅長個位數乘以個位數」。

以色列的教育重點在於，讓孩子將擅長的項目發揮得更好，這就是「生涯規劃教育」。相反的，我們的教育則是用盡心力將不擅長的項目做得更好，這就是「學習教育」。將教育的重點放在讓孩子學習不擅長的項目，不但要花費更多的精力，而且說不定孩子以後連自己擅長什麼都不記得了。

我的女兒是語文能力比較差的孩子，數理、科學、藝術、體育科目全都很優秀，就因為語文能力差，老是被愚蠢的媽媽用成為仇人的話語責罵，也因此讓孩子的自信完全消失，對學校的興趣也徹底下降。

女兒在讀小學一、二年級時，經常缺席，只要有聽寫考試或是國語課的日子，總是會說頭痛、肚子痛而不去上學。由於經常喊著不舒服，我便帶她去大醫院做徹底的檢查，最後醫生的診斷是神經性偏頭痛、神經性胃炎和腸炎。

我聽了醫生的診斷，斥責女兒說：

「妳就是在裝病啊！什麼神經性胃炎，不想去學校硬要裝病吧！」

偶爾還會抱怨她怎麼不像腸胃強壯的媽媽，偏像腸胃虛弱的爸爸。

胃不好的女兒在學校經常嘔吐，所以一年級時我女兒的外號是「嘔吐鬼」，頻繁缺席的女兒難以適應學校生活，交朋友也變得辛苦。於是我將她轉到和我同一間學校，度過了四年。小學時期的她，沒有交到任何一個親近的朋友。

沒有朋友的學校，一定更不想去吧！當女兒因為沒有朋友跟她玩，哭著不想去上學時，我會說：

「書念不好當然沒朋友，妳哥哥那麼會念書，朋友就很多。」接著又說，「休息時間朋友不跟妳玩的話，就看書或寫習題啊！」

怎麼會有這麼無知的媽媽！

我的兒子語言能力很強，因此三歲開始就會認字，也很喜歡聽寫和看書，這樣的兒子從小學就被視為模範生，總是受到他人的稱讚，但卻不擅長數學。我老是為了數學緊逼兒子，和其他科目相比，數學成績沒那麼好，那就花費更多心力在數學上，但即使如此，成績還是不見起色，所以兒子常因為數學被我責罵。

要提升孩子不擅長的部分，不應該用斥責的，而是要找出擅長的地方並給予稱讚，這樣做的話就能提升自信，加強不足的部分。

有了目標
自然就會展開行動

賦予動機的第二個要素就是目標，這就是以色列人強調的「生涯規劃教育」，盡可能讓孩子投入自己擅長的事。

為了瞭解孩子擅長什麼，就要營造出能讓孩子自主選擇的環境，然後透過孩子選擇的事物，仔細觀察孩子對什麼有興趣。可是，我是怎麼實行「生涯規劃教育」呢？

某天，放學回來的女兒問我：「媽媽，我以後要做什麼？」

「我從以前就叫妳當老師啊！女生最適合當小學老師了。」

由於我說得很堅決，孩子什麼也不敢說便出去了。不久之後，女兒又來問我：

「媽媽，我畢業後應該要做什麼？」

「妳怎麼老是問這沒用的問題?不是叫妳去當小學老師嗎?不要再想有的沒有的,快點進去念書。」

幾天後,孩子又問了相同的問題,我的回答還是一樣,女兒突然大聲嚷嚷起來:

「那是媽媽的夢想,不是我的。我不喜歡站在別人面前,也討厭小學生。」

「妳是因為分數考不到教育大學才這樣說吧!少囉唆,快進去念書。」

但女兒不放棄,繼續問我:「媽媽小時候的夢想是什麼?」

「夢想?我才沒有那種奢侈的東西,連有沒有錢能念大學都不知道,哪有什麼夢想。我只想著,我一定要念大學,然後認真念書,現在才能過這樣的生活。書讀得好可以做很多事,所以快進去念書。」

「媽媽真是奇怪,沒有夢想的話怎麼還能讀得下書?我不知道為什麼要念書,沒有目標要怎麼學習?我不知道自己為什麼要學數學還有英語,沒有目標就無法念書。」

然後沒隔多久女兒就休學了。各位,我聰明嗎?還是我女兒聰明呢?

沒有目標又不知道理由,念書有什麼用呢?建立起目標,產生了該去做的理由,才能有所行動。

消磨掉的不只錢和時間，還有關係

許多孩子在失去自信的狀態下，被勉強去念不知道為什要念的書，因而和父母、老師起了衝突，最後離開學校或離家出走。某天我的女兒也離家出走了，看著她在家成天打電動的模樣，感到太過鬱悶又氣憤，我對她大喊著：「拜託妳出去，出去。」沒想到某一天真的就不見了。

女兒到了很晚還是沒回來，沒打電話也不接電話，剛開始我還氣呼呼的想「回來你就知道，我絕對不會饒過你。」可是過了晚上十二點依舊沒有消息，還索性把手機都關了，漸漸的我從氣憤變成擔心，腦子裡淨是一些不好的預感，走遍了整個社區，孩子可能去的地方都打電話去問了，然而卻一點消息也沒有。

隨著時間越來越晚，我甚至開始變得神智不清，只要看到和女兒看起來相似的人，便喊著名字追了過去。我像個瘋女人一樣整晚在街上徘徊找女兒，到了凌晨甚至連警察局都去了，哭哭啼啼的問能不能追蹤孩子的手機位置，警察無情的說：

「她不是罪犯，不能這麼做。」

我在恍惚的狀態下，睜著眼睛徹夜未眠，隔天一早趕到電信公司追蹤手機位置，所幸女兒的手機位置顯示還在家附近，但不知是死是活，我的心依然忐忑不安。左等右等了好久，女兒若無其事的回到家裡。

「妳去哪裡了？」我對她喊著。

「妳不是叫我出去，妳叫我出去我就出去，我又哪裡做錯了？」

女兒只丟下這句話，便回到自己的房裡，我實在無話可說。

就算是開玩笑，也絕對不要叫孩子從家裡出去，還要感謝今天沒有離家出走、乖乖忍耐的孩子。

幾年前，新聞曾報導過，有錢人家離家出走的孩子組成了「○○家族」犯罪組織。其中有幾個孩子的父母，因為擔心他們錢不夠花而闖禍，每天還會存入不少錢到孩子的戶頭裡，可是離家出走的孩子越來越多，錢不夠用的話，就開始到學校附近搶其他同學的錢，最後被警察逮捕了。

那些孩子異口同聲的說著：「討厭強迫我們念書的父母」、「厭惡不把我當人看待的父母」、「好想念溫暖的話語」……。其中幾個孩子因為罪刑較輕而被釋放，但卻拒絕回家。他們心裡想的是，反正回到家裡也會被父母打死，乾脆到監獄還比較好，真的是讓人心痛無比的故事。

專家們對於這個事件的意見幾乎都很一致，「父母和子女需要充分的時間相處，並傾聽對方的想法。」這種話我們也會說，只是不曉得要如何有充分的時間，還有要如何傾聽彼此。就算知道卻無法實踐才是問題所在，沒有有問題兒童，只有有問題父母。

也有的情況是，雖然孩子離家出走，但只要還活著，父母就謝天謝地了。不少孩子選擇了自殺，被「補習輪盤」折磨而選擇自殺的仁川一名小學六年級學生，曾好幾次對著家裡養的熱帶魚說：

「你們真是開心啊！不用去學校也不必去補習班，每天都可以玩真好。」

這孩子遺書中最後一句寫著「我也想要自由的翱翔」，真的是令人難過的故事。

中學以上的孩子有很多因為成績而自殺。一名曾獨佔全校第一名的私立高中學生，在自殺離世前，寫下這段文字給父母：

「我的大腦啃食著我的心臟，我再也受不了了，再見，對不起。」

為何這些孩子會這麼做呢？因為他們從小就沒有機會學習獨立思考、選擇自己想要的事物、培養自主行動的能力。他們做的不是自己想做的事，而是父母要他做的事，得不到肯定、支持與稱讚，因此而累積了壓力，甚至罹患了憂鬱症。

我的確一次都沒問過孩子想學什麼。數學成績退步就去數學補習班；需要美術分數，就送去美術補習班；覺得鋼琴得要有基礎，便送到鋼琴補習班，就這樣把孩子一一送去我想到的補習班。然而，讓孩子學鋼琴的結果，失去的不只錢和時間，還有和孩子的關係。不只鋼琴，我勉強孩子學的長笛、芭蕾、美術等等，隨著時間流逝至今，沒有任何一項學得好。

孩子現在上的補習班是自己想去的嗎？還是逼不得已才去的？如果是為了不被父母罵才去的話，要知道花了錢、時間，最後可能會是連腦部狀態都失常的可怕後果。

3 在絕望的盡頭 遇見教練式輔導

教練式輔導是以

「你和我同行吧，我陪著你一起。」

這樣的想法為出發點。

馬車與火車的差異

在運動團隊中，總教練底下會有「教練」（coach）或「訓練師」（trainer）等指導人士，不過教練和訓練師的概念完全不一樣。教練（coach）這個單字是從帶有四個輪子驛馬車（stagecoach）而來，訓練師的詞源則是火車（train），在英國除了馬車之外，也會稱巴士為「coach」。

所以我在說明教練式輔導（coaching）時，會將馬車和火車來做比較，馬車和火車的差異是什麼呢？火車是循著設定好的路線前往指定的目的地，而馬車是由乘客決定目的地，路線也是依乘客屬意的方式來決定，只有在乘客不清楚路線時，馬車伕才會協助乘客載送到目的地。

過去我們這些父母教養孩子的方法，就和火車載客一般，先定好目的地，再依照父母想要的方向載送過去。然而，如果想要發揮孩子的潛在能力，父母要扮演的是駕駛馬車的教練角色。

至於導師指導（mentoring）、諮詢（consulting）和諮商（counseling）與教練式輔導類似，但概念稍微有些差異。首先來理解一下教練式輔導與導師指導的差異，教練式輔導的出發點是「你和我同行吧，我陪著你一起。」以對方的可能性為基礎，呈現的是平等的夥伴關係，並且不會積極介入，即使沒有相關領域的專業知識也能進行。而導師指導是從導師與導生（mentee）的垂直關係中出發，基本上就是要將導師的專業性傳授給導生，導師以其在相關領域的專業知識為基礎，對於導生會有深度的介入。

教練式輔導和諮詢的不同是，由於教練式輔導是協助找出答案，教練不能帶有「自我」（ego），也就是說教練本身不能有任何的解決方法或解答。即便是同一件事，人們會因自己的經驗和先入為主的觀念，而有不同的解答，可是那個答案說不定只適用於自己，可能並不適合談話的對象。

為什麼父母和子女會難以溝通呢？就是因為父母的「自我」（ego）會覺得自己和孩子親近，對孩子很了解，因而希望對方選擇自己要的答案。所以就算問了，也是為了得到想要的答案或是期望它出現。這樣誘導式的提問只會讓對方關上心門，無法引導深入的對話。誘導式對話所有問題的答案都在問的人心中，這和教練式輔導的哲理背道而馳。因此，要對自己的子女或是家人進行教練式輔導會更加困難，但唯有試著學習教練式輔導並用教練型的思維來對待家人，才能讓彼此過得幸福。能不帶著「自我」對最親近的家人進行教練式輔導的話，就是輔導的高手。

由於教練式輔導是支持對方自己找答案，因此會將焦點放在「誰」（who）和「如何」（how）。我是誰？是多麼了不起的人？擁有什麼好的資源？都自我釐清後，再將焦點放在如何解決問題。

而諮詢的目的則是提出解決方法，諮詢師應該具有專業性和正確答案。他會運用專業知識和資訊來分析特定的問題，並針對問題提供最有效的建言。在諮詢中，會以什麼狀況？如何解決？作為核心。

接下來看看教練式輔導和諮商的差異之處。和其他概念相比，教練式輔導與諮商有更多類似的特點，教練式輔導不會覺得對話的對象有問題，因為每個人都有各自的特徵和個性，不會有「錯了」這樣的前提。即使目前的狀態有困擾，也確信只要稍微給予支持的話，就能開發潛在能力並讓彼此變得幸福，因此教練式輔導是將重點放在未來，以支持（support）的概念作為基礎。

而諮商往往是以對話的對象現在有什麼問題作為前提，所以會為了找出問題的原因並解決它，而將重點放在過去，即為「治療」的概念。因此，諮商不是任何人都能進行，需要上過專業的課程，並取得各種證書才有資格。而教練式輔導只要經過二十小時的進修與五十小時的實習，取得教練式輔導初級資格（KAC）後，只要持續努力，任何人都能勝任。

這麼一來，是教練式輔導簡單，還是諮商簡單呢？當然是教練式輔導比較簡單。因為教練式輔導是以正常人為對象。一般人如果接受諮商的話，不太容易輕鬆的將事情說出來，這是因為不想告訴別人自己有什麼狀況吧？但是如果接受教練式輔導，往往都能很自然的說，因為一般人都希望能努力成為更進步的人。

儘管如此，教練式輔導也不是萬靈丹，所以當接受教練式輔導後，會再判斷是否需要諮商、諮詢或是導師指導，到時會再聯繫專家或建議到相關的領域尋求進一步協助。

將前述的內容，化為圖表如下：

教練式輔導	與教練式輔導類似的概念	
・以對方的可能性為基礎 ・夥伴關係 ・沒有相關領域專業知識亦可 ・少量介入	**導師指導**	・傳授導師的專業性 ・垂直的關係 ・需要相關領域的專業知識 ・深入的介入
・幫助找出答案 ・沒有教練的自我（ego） ・焦點在「誰」（who）和「如何」（how）	**諮詢**	・給予正確答案 ・必須展現專業 ・焦點在「什麼事」（what）
・支持（support）的意義 ・面向未來	**諮商**	・協助（help）的意義 ・面向過去

好的對話與錯誤的對話

以色列父母最常對孩子說的話是什麼呢？就是「你覺得呢」、「你是怎麼想的」。在生活中聽到這樣提問而成長的孩子會怎麼樣呢？想必一定很習慣思考與行動吧？

如果說以色列的教育是「教練式輔導」的話，我國的教育應該就是「教導」吧！教導是使用指示、命令、忠告來教學，教練式輔導則是透過提問幫助孩子自己發現問題，並找出解決方法。教導是填入的話，教練式輔導就是引導。

接受指示、命令的孩子不需要思考，因為是依照命令去做，對於結果的責任自然落在指使的人身上，但是透過提問讓自己去思考的話，就要對自己的選擇負責任。

藉由教導學習的速度會很快。工業時代的學徒制度，就是讓學徒完全仿效師傅教的方法，如果做出和師傅一模一樣的成品，便會得到高度讚賞，接著大量生產相同的物品來販賣，經濟才能快速成長。然而在現代，如果做出和別人一模一樣的商品，不僅觸犯智慧財產權，大量生產相同的物品風險也會很大。當你走在路上如果遇到和自己穿得一模一樣的人，心情會怎麼樣呢？會因為太開心而說「看來你的喜好跟我一樣，我們一起去喝杯茶」嗎？還是從遠處就開始避著對方，如果再多看見兩、三次，就再也不打算穿那件衣服了。

現在大家討厭和別人一模一樣，喜歡與眾不同。光是看三星和蘋果就能得知，兩家公司彼此都在競爭看誰先做出新的產品。在第四次工業革命時代，能做出新東西的人，才能嶄露頭角。

用教導的方式將知識注入給孩子，就算順利成長之後，也只能達到父母、老師的程度，如果要激發孩子擁有的無限潛能，就一定要實行教練式輔導。

仔細觀察以下的對話，就能更容易理解教練式輔導的概念。

錯誤的對話

孩子：媽媽，我有事情要問你。

媽媽：什麼事？

孩子：我從一年級開始就討厭我的主修，可是就算轉到文科，感覺也很難跟得上，所以我就繼續待著。可是到了二年級，實作時間變得更多，我真的越來越不喜歡了。

媽媽：總是要努力看看才知道對那個領域有沒有興趣啊！沒做什麼努力就覺得討厭的話，這可怎麼行。選擇主修不能只靠興趣，更何況你也不知道想做什麼。

孩子：我想要當幼稚園老師。

媽媽：那麼現在認真念書，以後再去輔修幼兒教育就好了。

孩子：啊，可是我真的好討厭現在的課程，只要到實作時間，連看都不想看一眼，有實作的日子更不想去上學。

媽媽：不然要怎麼辦啊？現在又不能轉學，也不能因為這樣就說要休學再重考吧。

先忍一忍吧！不然怎麼辦？

孩子：啊，現在不能換主修嗎？

媽媽：你以為換主修很簡單啊？這樣出爾反爾是不行的。

孩子：我想說乾脆轉到美術班，以後對於當幼稚園老師應該會有幫助。

媽媽：這麼做會很辛苦喔！

孩子：那麼，就只能繼續念嗎？

媽媽：對啊，不然的話就去重考。

孩子：啊，那個……

媽媽：所以說忍著把它念完，認真念的話，說不定就會變喜歡了，誰知道呢？總之要認真才行。

孩子：是……

好的對話

孩子：媽媽，我有事情要問你。

媽媽：嗯，有什麼我可以幫忙的嗎？

孩子：我從一年級開始就討厭我的主修，可是就算轉到文科，感覺也很難跟得上，所以我就繼續待著。可是到了二年級，實作時間變得更多，我真的越來越不喜歡了。

媽媽：原來你這麼不喜歡這個主修啊，那麼你想要做什麼呢？

孩子：我想要當幼稚園老師，因為我喜歡小孩子。

媽媽：是啊！你的個性開朗應該會很適合。目前的課程真的很不喜歡嗎？

孩子：嗯，我太討厭我的主修了，有實作的日子也不想去上學。

媽媽：嗯，原來如此，像你這樣的學長姐都怎麼做呢？

孩子：課業就隨便應付，等之後再打算。

媽媽：那麼你現在上的課程中，有什麼是有助於成為幼稚園老師的嗎？

孩子：這個嘛……因為我主修攝影，是可以拍攝小孩子平常生活的模樣，或是活動的照片，感覺也可以用來布置環境，或是經營幼稚園的網頁吧！

媽媽：是啊！這是很好的點子，還有其他的方法嗎？

孩子：其他方法嗎？如果到了三年級再學影像製作應該也不錯，但能不能勝任我就不清楚了。

媽媽：哇，聽起來也挺不錯耶！那麼你們那一科的學長姐有選擇類似職業的人嗎？

孩子：我不太清楚，說不定去問問教授可以知道。

媽媽：那麼你跟教授聊過後，我們再來討論好嗎？

孩子：嗯，好。

從上述對話可以得知，儘管有著相同煩惱的孩子，但隨著不同的引導對話方法，結果卻是截然不同。錯誤的對話方式，容易讓彼此成長留下傷口，但好的對話方式，能讓孩子自己找出解答。

我們比較常和孩子進行哪種對話呢？當我優秀的孩子說要休學時，老師也對孩子做了諮商，但沒有一個老師能夠理解孩子的心來跟他們對話。

比較觀點	錯誤的對話	好的對話
對話氣氛	質問、威嚇、忽視	肯定、尊重、支持
信賴與否	不信賴	信賴潛力
話比較多的一方	媽媽	孩子
提出解答的人	媽媽	孩子
成長・進步	沒有成長・進步	增加解決問題的能力
對話後關係的變化	惡化	互相成長

錯誤的對話，會讓孩子無法找出解答而鬱悶不已，長久下來孩子可能會想休學或是採取其他極端的方法，加深和大人間的衝突。進行好的對話時，雖然孩子可能會游移不定，但仍試著去相信孩子的潛在能力，並不吝於給予肯定、尊重與支持，相信孩子有找出解答的潛能，培養出解決問題的能力。

當然就算進行了好的對話，學生也有能會選擇休學，不過這和進行錯誤對話的學生休學卻有天壤之別。進行錯誤的對話，學生是由於找不出答案，才無可奈何休學，而透過好的對話，學生會找到想做的事，因而選擇休學。

好的對話能讓彼此成長，父母與老師為了找出幫助孩子的方法而努力，因此而成長；而孩子自己找到了解決問題方法，也變得更加成熟。

一般情況來說，大人和孩子的對話是八比二，如果大人說的話占百分之八十，孩子則是占百分之二十。可是我們家的對話，我占了百分之九十九，孩子只有百分之一，他們只能回答「是」或「不是」。

進行正確的對話時，大人和小孩的對話基本上會是五比五，當然更理想的情況是孩子說的更多，達到二比八的對話，這是我們要努力的方向。

像小雞一樣破殼而出

母雞將雞蛋孵化成小雞約需二十一天的時間，當母雞不分晝夜孵著雞蛋過了十八天後，在蛋裡就可以開始看到小雞出現想要到外面世界的反應。

小雞來到世界的最後一道關卡，是衝破堅硬的蛋殼出來，這是十分困難的事，因為蛋殼很堅硬而牠們的喙還十分柔弱。自己決定要攻破哪個部位，再慢慢啄開。此時，在外面仔細觀察著雞蛋的母雞，會幫忙啄開那個地方，在蛋裡的小雞借力使力，才能來到這個世界。

小雞在裡頭啄開蛋殼，母雞在外頭協助，兩個動作要同時進行，才有可能成功，稍微錯開的話，生命就無法被孵化出來。

雞蛋裡的小雞用細微的聲響向母雞發出信號，假使母雞沒有聽到，或即使聽到了，卻沒有即時協助將小雞啄的部位啄開的話，小雞就會死在蛋裡。因此母雞在孵蛋時非常敏感，若環境吵雜或無法集中，便會顯得很不安。以雞蛋的蛋殼作為界線，兩種存在的意義與力量合而為一時，才能讓生命誕生。

我們的孩子就如同父母懷中的雞蛋一般，在成長的過程中，為了離開父母的懷抱，前往更大更寬廣的新世界時，也會發出信號。

「媽媽，我好累……老師，我好辛苦……請幫幫我。」

我後來才知道孩子說的粗話、無法理解的行為，都可以視為孵化的最後一個階段，是他們敲打蛋殼的信號。當我們聽到那個信號時，就該給予孩子協助，然而大人卻不認真聆聽信號，就算聽到了也不幫忙啄開孩子敲打的部位，而是拚命啄自己想啄的部位，這麼做小雞是無法順利孵化出來的。

我家的兩個孩子也曾無數次敲打著蛋殼，像是在說「媽，我現在已經到了要離開媽媽懷抱的時候了，這裡好悶讓人無法再待下去，再這麼生活的話，我感覺就快要死了。」然而我卻沒有好好幫他們，讓孩子度過了辛苦的青少年時期。

你知道小雞和雞蛋有什麼不同嗎？強迫將還沒準備好的蛋打破，失去生命就只是顆雞蛋，但當牠準備好並在發出信號時，能幫助其破殼而出的話，就成了有生命的小雞。

許多父母熱衷於學齡前教育，孩子都還沒準備好，父母就急著想打破蛋殼。連自己國家的語言都還說不好，就送去學英語，或孩子還不會走，就讓他學習游泳等各種運動，這麼做反而會降低孩子對運動本身的興趣。

某些兒童心理學者認為，關鍵期對孩子而言並不存在，孩子有的是敏感期。父母認為不能讓孩子錯過學習的關鍵期，以不安的心情拖著還沒準備好的孩子到處跑，將他們變成了雞蛋。而孩子的敏感期是指，對於某種行動特別投入的時期。教養孩子時，可以發現他們會有某些時期，特別沉迷於某件事。有時喜歡玩扮家家酒遊戲；有時會特別愛看書；有時喜歡和朋友在一起等等。

這樣的敏感期透過仔細觀察便可得知。我兒子在成長過程中，曾經有段時期對樂高特別有興趣，每天一睜開眼就是玩積木，而丈夫對兒子表現愛的方法之一，就是買樂高給他。價格不斐的樂高，家裡多到都要滿出裝樂高的大桶子了，把那些積木全部倒出來開始玩的話，孩子連飯也不吃，叫了也不理，不停的要做出什麼來才肯罷休。

對於投入的重要性和敏感期一無所知的我，看著客廳裡滿是到處亂放的積木，對於沒有好好吃飯、只知道玩的兒子非常不滿意，當然對花大錢買樂高給兒子的丈夫也同樣看不順眼，我認為孩子應該要讀我買給他們的全套書籍，而不是玩積木。

因此，當孩子沉迷在積木裡頭時，我總是會訓斥他，要他快點結束，限制他只能玩到幾點，定好時間後在旁邊催促著。孩子會有多麼不安啊？在這個時期，如果我能打造一個讓孩子專心玩積木的舒適環境，就更能讓孩子發揮創意，成長成更幸福的孩子了。

我女兒則是特別喜歡漫畫書，可是在我的觀念中漫畫書是不好的，應該要讀的是文字書才對，因此只要女兒在看漫畫時，我總會訓斥她。後來我才知道女兒是先用圖像來認識事物，並且是很有空間概念的孩子。來自媽媽的壓力，孩子用漫畫來紓解，並從中獲得她自己的生存智慧。

看不慣女兒老是看漫畫的我，某一天搜了孩子的房間，從床底下、衣服堆中找出十多本漫畫，火冒三丈的我氣呼呼的等著孩子回家。

女兒看到堆在書桌上的漫畫嚇壞了，我拿了一個袋子給女兒，要她趕快把漫畫書打包起來，然後帶著她到漫畫店去。由於我發起脾氣來很可怕，孩子什麼都不敢說，乖乖走在前面。一走進店裡，我就把那袋書放在櫃臺上並對老闆說：

「這孩子是我女兒，以後要是再把漫畫借給她的話，有可能會拿不回來，所以絕對不可以再借給她。」

我的口氣就像是在恐嚇老闆一樣。現在回想起來，我還真是個無知透頂、目中無人的媽媽啊！老闆用一種「怎麼會有這樣的女人啊？」的表情直盯著我。

從那天之後我家小孩就不看漫畫了嗎？不，她反而到更遠的店家借，而且用更巧妙的方式藏起來看，這麼做還能好好念書嗎？早知道這樣，當時還不如說：

「女兒，原來你這麼喜歡漫畫啊！最近什麼漫畫好看的呢？是怎麼樣的內容？你看漫畫時有什麼樣的想法？」

能這麼問並進行對話的話，說不定女兒現在已經是那個領域的佼佼者了吧？

我們應該把焦點放在孩子想要做什麼的敏感期，而不是父母覺得的關鍵期，並且扮演好母雞的角色，就能激發孩子的潛力，這樣的教練式輔導就是引導子女，自己往幸福的人生前進。

教練式輔導是引水

形容教練式輔導的詞句雖然很多，但我最喜歡的是「教練式輔導是引水」這句話，我小時候住家附近到處都可看到手壓式汲水泵浦，外表看起來乾巴巴的，感覺什麼都沒有的泵浦，只要壓幾下，就會有大量的水湧上來。

教練式輔導對我們的孩子來說，就是這樣的引水角色，但必須要有耐心才能把孩子內心深處的水引上來。如果只是壓個幾下，水不湧上來就放棄的話，是絕對取不到水的，但如果不放棄繼續等待，就能激發出孩子潛在的無限能力。

以下是不同團體所形容的教練式輔導哲學。

教練式輔導的哲學

・每個人都是自己的專家，沒有人比自己更了解自己。
・每個人都有想要追求創意性與完整性的欲求。
・任何人都擁有獨立解決內在自我問題的能力。

——韓國教練式輔導協會（KCA）

・每個人都是完整的。
・每個人內心都有解答。
・每個人都是創意性的存在。

——國際教練式輔導聯盟（International Coach Federation）

・每個人都是特別的個體。
・人都擁有無限的資源能解決自己的問題。

・人都能做選擇。

——領導力教練式輔導中心

各種教練式輔導哲學中，以日本教練式輔導大師榎本英剛在《發揮員工潛能的教練式輔導》一書中所寫的最觸動我，以下是他的教練式輔導哲學：

・每個人都有無限的可能性。
・那個人所需要的解答都在他的內心。
・為了找出解答就需要夥伴。

他強調每個人都有無限的潛能，表面上看起來一無是處的人，甚至就算被認為是問題兒童的孩子，也都潛在著無限的可能性。

每個人所需要的解答都在他自己的內心，當我們發生困難或有問題時，會習慣找人討論，這麼一來，對方為了要給出建議便會費盡苦心，然而有時無論對方提了多好的建言，就是無法打動自己。相反的，有些話卻能讓我們豎起耳朵並直入心坎，那是因為自己內心的答案和對方的一致。

為什麼不管父母說再多好的建議，孩子就是不聽呢？因為雖然不曉得正確的答案是什麼，但那個答案就是和自己內心所想的不一致。因此，父母可以提供建議，但不能用它來逼迫孩子，因為那是父母的答案，而不是孩子自己的答案。

所有的人對於自己的問題都能自己找出解答，但是要獨自找出解答並不容易，因此需要夥伴。遇到好夥伴的話，就能快速找出自己要的答案，甚至還能發揮無限的潛能。但如果遇到壞的夥伴，別說是尋找答案了，可能還會失去原本擁有的潛力。

教練並不是拉著對方走的領導者，提供或幫忙尋找解決方法，而是為了讓本人自己找出解答，僅僅給予「協助」的存在。這樣的教練式輔導哲學，就如同歌德的話：

「依照一個人表面的樣子去對待他，他就只能維持表面的樣子；依照一個人的潛力去對待他，他就能成就他最好的模樣。」

把某個孩子看成問題兒童的話，那麼他就會一直是問題兒童，但如果相信他未來會成為優秀的人，並且幫助他的話，孩子就能成為優秀的人。

這句話對我有非常大的幫助，兩個孩子休學後只在家打電動時，我心裡想著「每天只會打電動，真不曉得他們以後會怎樣。」當我想到他們會依照我所想的模樣而變成那個樣子，就覺得可怕，因此我決定要依照孩子的潛力去對待他們。

一開始我不知道該怎麼做，但在某個瞬間，我想起了孩子以前說過的話，兒子曾經說過，以後想在大學教課，也記起女兒說過長大後要做大事業並且賺很多錢。我想像著兒子成為了優秀的教授，那麼我要叫他「裴教授」，想著女兒是國際級的企業家，並下定決心要叫她「裴會長」。

雖然腦子裡這麼想，但很難馬上從嘴裡說出來，因為還是會害怕這樣叫的話，孩子們會有怎麼樣的反應。但既然都學了還是得實踐看看，某天我這樣叫醒孩子：

「裴教授，別睡了快起床，媽媽做了熱騰騰的飯菜，現在趁熱吃最好了。」

我邊說邊小心觀察兒子的反應，很擔心他會說：「幹麼這樣叫我。」沒想到，「好，我等等起床就會吃了。」兒子欣快的回答。

由於我和女兒的關係一直都不好，心想說話得要更加謹慎才行。但兒子的反應讓我勇氣大增，於是便接著開口：「裴會長，快起床，吃飯了！」

「是，馬上就起來了。」女兒竟也回話了。

之後只要情況許可，我就會叫他們裴教授、裴會長，兩個孩子都沒有討厭的跡象，也都會好好回應。我以尊重兩個孩子的心來對待他們，或許孩子也感受到了吧！

聽說政治人物安哲秀的母親對子女說話也都十分尊敬，想像著子女未來的模樣，自然就會這樣對待孩子了吧！某次安哲秀因為上班即將遲到，急忙搭上計程車時，母親邊與他道別還邊慎重的說：

「您請慢走，路上小心。」

在一旁看著的計程車司機聽到了，疑惑的問他：「那是您的嫂子嗎？」

這件事成了一段趣聞。但也因為從小母親如此尊重他，也因此養成他即便是對待職等比他低下的人，態度依然尊敬。

各位對待子女時，也要像歌德所說的一樣，要依照未來的模樣、潛力的模樣來對待，希望各位都能成為教練型的父母。

4 認識大腦
就能更懂孩子

我曾執迷於如何填滿孩子的大腦，

而不是提升孩子的腦容量。

爬蟲類腦、哺乳類腦、靈長類腦

關於人腦的學習，HD幸福研究所的崔星愛、趙璧博士給了我不少幫助。美國的腦科學學者保羅．麥克蘭（Paul D. MacLean）認為人類的腦是「三位一體腦」，第一部分的腦（腦幹）、第二部分的腦（邊緣系統）與第三部分的腦（皮質大腦）會相互作用並以此來維持我們的生命。這幾個部位各自負責不同的功能，我們通常將第一部分的腦稱作「爬蟲類腦」，第二部分的腦為「哺乳類腦」，第三部分的腦則是「靈長類腦」。

第一部分爬蟲類腦主要負責呼吸、心跳、血壓、體溫調節等維持生命相關的工作；第二部分哺乳類腦負責情感、食慾、性慾、短期記憶等，特別貪吃的人這裡會比較發達，如果哺乳類腦中性慾旺盛的話，便會由靈長類腦來控制衝動。另外，我們所知道的「短期記憶」，則是由哺乳類腦中的「海馬迴」來發揮作用，當反覆多次觀看和聆聽相同內容之後，該記憶就會轉到靈長類腦，也就是大腦皮質的長期記憶倉庫中，長時間留存。假使只有爬蟲類腦與哺乳類腦發達的話，會變得怎麼樣呢？套句古人說的話，就會成為「禽獸一樣的人」，靈長類腦負責規劃、控制衝動、理性判斷，並使我們感到幸福，容易感到幸福的人，就是靈長類腦發達的人。

試著摸一下後頸和頭部之間凹陷下去的部分，這裡面的腦就是爬蟲類腦（腦幹）。由於腦幹是掌管呼吸與心跳的中樞，一旦損傷就會死亡，就算其他部分的腦都沒有受損，腦幹損傷的話便會失去生命。因此哺乳類腦是包覆保護著爬蟲類腦，但只憑這樣仍顯得不足，因此靈長類腦又在外圍包覆著哺乳類腦。

這三個部分都很重要，但以學習和人性方面來看，最重要的則是「靈長類腦」。靈長類腦位於顱骨下方，其中前側為「額葉」，後側為「枕葉」，兩側的是「顳葉」，頭頂部分則稱作「頂葉」。其中有「腦的司令官」之稱的額葉，更是當中最重要的部分，額葉的重要性，因費尼斯．蓋吉（Phineas Gage）的意外事件，更加為人所知。

一八四八年，二十五歲的蓋吉是美國佛蒙特州一家鐵路公司的工頭，他能力出眾、做事認真，品性也頗受肯定。但某一天在以炸彈炸裂巨石的意外中，一條重達六公斤的鐵棒從蓋吉的左側臉頰，貫穿了他的頭部。所有人都覺得蓋吉必死無疑，但沒多久蓋吉卻從倒下的地方站了起來，頭部還插著鐵棒，邊流著血邊搖搖晃晃的走著。這樣的事怎麼可能發生呢？因為生命中樞——爬蟲類腦沒有受到損傷，因而得以存活。

蓋吉透過手術將鐵棒取出，之後透過哈洛（John Martyn Harlow）博士治療約一年多後，才重新回到職場。雖然臉上被打穿了一個洞，但在健康上並沒有問題。

然而在意外發生後，蓋吉的性情卻有了一百八十度的轉變。意外前個性溫順老實的蓋吉消失了，他變得兇狠暴力，最後蓋吉被迫離開公司，到處飄泊，做著把鐵棒插入臉上的洞再拔出來的雜耍工作，好不容易才能維生。

十二年後，他因嚴重的癲癇過世了。蓋吉生前曾答應多位醫生的要求，死後能將他解剖研究，曾治療過他的哈洛博士也在其中，隨後他發表了蓋吉性格變化的原因，是由於額葉損傷。目前蓋吉的頭蓋骨與鐵棒仍保存在哈佛醫學院的博物館中。

蓋吉雖然不幸過世，但對於人類的腦科學發展有巨大的貢獻，多虧有他，重視額葉的意識才開始抬頭。之後陸續的研究發現，額葉負責人的理性判斷、正確決策、規劃、預測、控制衝動等各種能力。

捕抓鹿、鯨魚、老虎的男人

這三個腦部構造的發展時期多少有些差異，還在母親肚子裡時，爬蟲類腦就已經生長完成，也多虧如此我們一出生到這世界上就能夠呼吸。

哺乳類腦是從小學四年級到高三為止，特別是在青春期時更是急速成長，因此從小學四年級開始，孩子的食慾會變得旺盛，對異性也變得更為關心，這個時期掌管情緒的邊緣系統正在發育，使得情緒起伏變得明顯。爬蟲類腦與哺乳類腦只要時間到了，就會自動發育成熟。

相反的，靈長類腦和其他腦相比，成熟的時間相當晚，在學習與人性方面很重要的額葉，則要憑藉經驗才能發育完成，有好的經驗就有「好的額葉」，不好的經驗則會成為「壞的額葉」。

靈長類腦像哺乳類腦一樣，從小學四年級到高三為止成長速度最為迅速，平均在二十七歲時發育成熟，不過男女會略有差異，大致上男性在三十歲左右，女性在二十四歲左右。我猜以前老人家所說的「懂事」，大約就是指額葉發育成熟的時候。所以生兒子的話，至少要等到他三十歲才會懂事。

男性和女性之間這六年的差異只是平均值，根據每個人狀況，最多還會出現十到十五年的差異。為何會有這麼大的差異呢？目前從科學上還沒有研究證明，但我經過仔細思考，有一套自己獨特的見解。

所有地球上的生物都有物種延續的本能，造物主下了「你們要生育繁殖後代」的命令，女性到了二十四歲左右就能生孩子，但如果額葉還未發育成熟，沒有判斷能力的話，就難以教養孩子。因此為了能順利養育下一代，女性的額葉會較早發育成熟。

而男性呢？人類有很長一段時期是過著狩獵生活，那個時代對男性來說最重要的工作就是狩獵。對於需要狩獵的男性，假使額葉提早發育成熟的話，還能夠狩獵嗎？狩獵時需要的是動物性的敏銳度而不是縝密的分析能力，得鋌而走險用盡所有力量上前捕捉，一旦感覺危險，就立刻得逃跑。所以男性爬蟲類腦會比額葉要來得發達。

男孩女孩從還在母親肚子裡時就很不一樣了，男性從胎兒期活動力就比較大，比較會踢，動作較快且多。出生後一般來說會比女嬰更加好動，力氣也較大，經常張望四周，就像在尋找是否有獵物一般。然而對於大腦認識不足的我，卻總是在教室裡責罵著男孩們：

「你們怎麼這麼好動？女生們都乖乖坐著，因為你們害老師都上不了課了。」

要男孩們乖乖不動等於是要他們的命一樣。看看現在三十歲以前的男性，正在哪裡做些什麼呢？原本應該要穿越田野、在大海裡游泳，捕捉鹿、老虎和鯨魚的男孩們，由於時代的變遷，整天被關在教室裡。要他們乖乖不動，就像是嚴刑拷打他們一樣。

不管時代再怎麼變遷，男性的腦依舊是有攻擊性的爬蟲類腦比較發達，男性到三十歲之前，總是會懷念能奔馳在曠野上的往日時光，因此對體育活動會比女性熱衷。不過二十歲之前踢足球時拼死拼活要當前鋒的人，可能到了三十歲後，從某個瞬間會開始覺得跑起來很有負擔，說不定還會吵著要當守門員呢！

那麼，被關在教室裡的男孩子們沒辦法穿越田野，也不能去抓鹿或老虎，要從哪裡獲得替代滿足呢？就是電動了。所以當媽媽大吼不准男孩打電動時，孩子們就真的不玩了嗎？越是這樣，他們越會用巧妙的方法避開媽媽的視線來玩，預防遊戲上癮最好的方法，就是讓他們出去跑跳玩耍。可是現在的孩子，整天待在學校，下課後得去課後輔導、補習班，回家後還要繼續被媽媽監視，真的很可憐。

以前的男孩子去打獵時，會跟誰一起去呢？當然是跟爸爸一起去。男孩子跟著爸爸打獵時，能學到捕捉獵物以及生存的方法，因此和爸爸溝通較容易，男孩子和有共通喜好的爸爸在一起很輕鬆。

可是現在的孩子卻很難見到爸爸，不只因為爸爸下班的時間晚，就算爸爸早下班了，孩子也還在補習班，要見到面並不容易。回到家後爸爸不在，只有媽媽在家，媽媽卻用額葉式思考方式對著孩子嘮叨。

到了學校後又怎麼樣呢？學校裡大多數都是書讀得好的女老師，女老師以自己的標準來期待孩子、指導孩子，偶爾遇見少數幾位男老師，認真的程度也不輸給女老師，所以男孩們肯定喘不過氣吧？

在學校裡，一般來說女孩的成績確實比較優秀，各種國家主辦的考試，也以女性合格者居多，這是因為男性比女性笨嗎？還是課程和考試科目出錯了？在我看來應該是教育的問題。現在的教育課程與考試問題要求的都是額葉式思考，在讀、寫、說、背誦方面，對額葉提早發育的女性比較有利。

男性自信最高的時期是何時呢？不就是和心愛的兒子出去打獵，在兒子面前捕捉獵物，再把牠挑到肩上，牽著兒子的手回家的時候嗎？兒子看著這樣的爸爸，兩人會有多麼自豪啊？父子倆一邊哼著凱旋進行曲一邊回到家裡。然而現在既沒有可以挑上肩的鹿或老虎，也沒有捕捉的必要，在電腦還沒那麼發達的時代，還可以拿著薪水袋回家，現在都變成自動轉帳，別說拿著現金回來了，還要向太太伸手拿零用錢花。偶爾喝個酒多花了一點錢，還要聽太太的嘮叨，身為丈夫不僅自信下降，和子女也難以溝通。敬這個時代的丈夫時，我想這麼高喊：「拜託把打獵項目加入教育課程和考試科目中吧！」

我家是動物王國

平常的時候，血液是均勻流到爬蟲類腦、哺乳類腦和靈長類腦中，沒有任何問題。這種時候孩子不僅聽話、書念得好，也不會打架，可是一旦感受到壓力而惱火的話，問題就來了。

孩子何時會覺得有壓力呢？不能做想做的事，還有得去做討厭的事的時候吧？當孩子感受到壓力時，就會刺激到哺乳類腦中的「杏仁核」，然後腦神經傳導物質皮質醇便會增加，這種荷爾蒙會使免疫力低下，並使心跳加速。

生氣時，心跳也會變快，控制心臟的爬蟲類的腦便會積極活動，因此原本應該均勻分布在整個腦部的血液，就會聚集在爬蟲類腦使血管膨脹，生氣時人會感到後腦勺緊繃也是因為這個原因。

就這樣血液往爬蟲類腦集中時，靈長類腦的額葉當然就缺血了，以前老人家會形容這樣的現象為「腦袋空空」，腦袋一空就無法思考，記憶力、集中力、理解力、判斷力等思維能力便會麻痺。此外，自律神經系統與荷爾蒙系統一旦損傷的話，雖然有著人類的皮囊，但腦部狀態被爬蟲類腦所支配，就成了所謂的「禽獸一般的人」。

不過，若是在緊急狀態下，爬蟲類腦的活躍卻是件值得慶幸的事。舉例來說，假使在你們面前突然出現老虎，大家會怎麼做呢？在還來不及思考時就尖叫著逃跑了吧！這是由於察覺到危險的瞬間，感受到生命的威脅，也就是生命中樞爬蟲類腦在頻繁活動。

假使這個時候，爬蟲類腦不活躍，而是額葉活躍的話，會怎麼樣呢？看到老虎的瞬間，不會逃跑而是開始分析「那隻老虎從哪來的呢？老虎的花紋真是漂亮，是什麼品種呢？原來老虎的眼神那麼兇惡，把老虎的皮剝下來的話，不曉得能賣多少錢？」想著這些的結果就是被老虎吃了吧！因為要先活命，運作的就是生命中樞爬蟲類的腦，而不是靈長類腦的額葉。

假設在生死關頭你沒命逃跑後，突然出現了一個人說要給你一本書，書上有嚇阻老虎的方法，要你看的話，你看得下去嗎？就算書上的方法再怎麼厲害，但在那瞬間你也看不下去，即使看了也無法好好的讀進腦裡。

站在孩子的立場，將這個情況放進家庭或學校裡吧！回到家裡有比老虎還可怕的媽媽，孩子的腦部會處於超緊張狀態，這樣的媽媽在身邊圍繞著，感覺隨時都會聽到猶如老虎咆哮聲般的可怕叫喊。如果連爸爸也變得可怕的話，情況會更加惡化。雖然孩子進了房間勉強坐在書桌前，額葉卻起不了作用，只有爬蟲類腦活躍著，幾乎不可能念得下書。

我的兩個孩子小時候從補習班回來時，會將書包大力丟到沙發上，這是在暗示著「我現在很火大，我的腦是爬蟲類腦的狀態，所以別來惹我」的意思。接著孩子會拚命吃著東西，歪躺在沙發上呆呆看著電視。我覺得既然都上了那麼昂貴的補習班，回家後就該複習，剛開始幾分鐘我會盡量壓抑煩躁的內心，心想「再看幾分鐘就會進去了吧？」五分鐘、十分鐘過去了，耐心見底的我，開口說了剛剛忍住的話：

「別再看電視了，還不快給我進去？」

可是孩子就像沒聽到似的，過了二十分鐘之後，我把音調提高，大聲喊著：

「還在幹麼？還不快進去寫作業？」

孩子還是沒反應。三十分鐘後，我忍無可忍，朝孩子背上邊打邊吼著：

「還不快進去？沒聽見媽媽說的嗎？」

那麼孩子會怎麼反應呢？孩子會大發雷霆的回嗆：

「夠了，我自己會看著辦！」

孩子成為爬蟲類腦的狀態了，聽到這話我也發火變成爬蟲類腦，回家想好好休息的丈夫，也變成爬蟲類腦的狀態大吼。全家人都變成了爬蟲類，整個家變成了動物王國。

大腦中持續使用的部位會變得發達，不常使用的就會退化。仔細觀察腦細胞中的神經元，是由複雜的構造所組成，其中有個稱作「軸突」的部分，一旦有刺激進來，軸突便是將反應傳遞出去的渠道，並會如同鎖鏈一般連結起來。經常使用的話，旁邊會再生成其他鎖鏈，變得越來越寬廣，渠道因此更順暢；相反的，不使用的部分，鎖鏈會漸漸退化並斷絕消失。

如果孩子總是感受到壓力和經常生氣的話，會變得怎樣呢？長久下來會變成只使用爬蟲類腦，往額葉的軸突斷絕渠道消失，反而讓通往爬蟲類腦的渠道變得寬闊且順暢。最後不管接收什麼樣的刺激，額葉難以發揮功能，無法好好思考控制情緒，而是習慣以爬蟲類腦來反應。

戒除遊戲成癮的方法

一整天不間斷的學習會讓孩子感覺到壓力。

幾年前翰林大學聖心醫院的洪賢洙教授團隊，發表了一項研究結果，表示孩童參加的補習越多，得到憂鬱症的機率就越高。參加的補習越多，孩子的壓力越大，因而分泌皮質醇，同時讓爬蟲類的腦更加活躍，進而產生憂鬱症或暴力傾向。

一旦爬蟲類腦變得活躍，為了要消除壓力，很自然的就會更常玩電腦遊戲，想要減少玩電腦遊戲的頻率戒除遊戲成癮最好的方式就是，走出家門活動身體，或以運動來解除壓力。

歐洲國家與美國很早就開始發展腦科學研究，他們清楚知道讓孩子整天念書是很愚蠢的事，因此學校下午通常都會讓孩子進行體育活動。那是「就算你們不能抓鹿或老虎，至少也去跑一跑吧」的用意。可是我們國家的孩子在學校讀書一整天後，還得去課後輔導，或趕著上補習班，多麼的辛苦啊！

爬蟲類的腦過於活躍的孩子，經常說的話可歸類成以下七種，最常掛在嘴邊的是「煩死了」；問他「為什麼要做那件事？」，會說「就那樣」；問他「怎麼回事？」，會說「不知道」；問他「試試看這個吧」，會回答「不想」，每次話說完總是會加上「算了吧」、「真倒霉」、「吼唷」。越常說這些話的孩子，爬蟲類的腦就越活躍，嚴重的話額葉可能會損傷，形成難以避免的惡性循環。

當壓力過大時，可能會讓前額葉皮質暫時停止運作，甚至造成損傷，使得孩子無法控制情緒，變得衝動。近年來有很多年幼的孩童，都有著無法調節情緒、集中力不足的問題。在考卷中經常出現這樣的題目：「在以下的選項中，選出不是○○的項目」。孩子因為沒有好好看題目而答錯時，父母很容易覺得是單純的失誤，但問題其實經常是因為孩子缺乏集中力讀完題目，才會答錯。如果答錯的是簡單的題目，回到家還會被父母責罵，讓爬蟲類腦中又匯集了更多血液，產生惡性循環。

孩子在幼稚園、小學一、二年級時，上課時間還會爭相舉手回答問題；到了三、四年級變成面面相覷；五、六年級時，則是面無表情、毫無期待的坐著，一副「最好不要叫我」的感覺；上了中學、高中之後，在上課時間睡覺的學生變得更多。等到大學入學考試的日子，媽媽站在寒冷的校門外誠心祈禱著，孩子卻在裡頭隨便猜題，打著瞌睡的大有人在，現代的孩子學習充滿了無力感。

當額葉損傷時，煩躁、抱怨等情形會變得嚴重，甚至還會導致人格損傷，變成可能會產生犯罪行為的精神病患者、精神分裂症患者等。

若要具體的探討額葉損傷的原因，接連不斷做著必要卻不是想要做的事、不間斷的受挫打擊、非本人意願的學習、父母或老師不斷責備的話語、發生難以承受的心靈創傷、父母離婚，或是親近的朋友、家人等突然過世的情況，都是可能造成額葉損傷的原因。不和睦的人際關係、過度攝取速食食品，或是長時間暴露在污染的環境或電腦等各種媒體中，也會帶來惡性的影響。

為何會出現校園暴力

前面所提及的各種原因一旦造成額葉損傷的話，就會使爬蟲類腦變得活躍，讓我們的腦成為動物性狀態。在動物的世界中，會出現兩種反應：認為自己的力氣大的話就進行攻擊，覺得力氣小的話就逃跑。

以孩子的情況來看，一般來說力氣大的孩子個性積極外向，塊頭大且擅長打架。相反的，力氣小的孩子較為消極內向，身形小不擅長打架，且不善於自我表達，若小時候還經常被責罵，就會使他們自信心低下、自卑感較強。

當力氣大的孩子持續為難力氣小的孩子，便會形成「校園暴力」。遭受暴力對待的孩子通常會覺得不管向誰求助都沒有用，甚至還擔心會被父母責罵，連說都不敢說。若施加暴力者還威脅著說：「敢對其他人說的話，絕對不會饒過你。」孩子因為害怕就更不敢表現出來了。

校園暴力的受害者，不管情況再難受痛苦，不尋求幫助而拚命忍耐的話，會演變成兩種型態。第一種是用偏激的行為來表現忍無可忍的憤怒，有可能反而會成為加害者；第二種是不做任何抵抗，選擇自殺好永遠逃避。

我的女兒是個內向的孩子，不太愛說話，看不慣女兒的個性，我總是罵她：「你怎麼會像到你爸呢？」當女兒同學的媽媽跟我聊起學校的事，而我不知道時，我總是會說：「我女兒比較內向不太說話」。

可是越是內向的孩子，就越需要說話的對象。我的孩子不說話的原因，與其說是個性內向，不如說對著比老虎還可怕的媽媽，什麼話都不能說也不想說吧！

家裡的媽媽已經很可怕了，萬一連學校的老師也讓人感到恐懼的話，孩子的狀態就會變得更加嚴重。我試著回想一下女兒的小學時期，如果那一年的班導師溫暖又親切，女兒就能適應得很好，但碰到可怕老師的那學年，一早起床我家就像在打仗一樣，女兒總大聲哭著說不要去學校。

她在小學三年級時最辛苦，總是安靜的女兒成為男孩子眼中新奇的存在，雖然長得漂亮但不說話，坐在一起的男同學老是招惹她。當時對女兒來說，不管媽媽還是老師都不是能夠信任的對象。因此，就算男同學欺負她也只能默默承受，有天她實在太生氣了，便將手裡拿著削得尖尖的鉛筆，往同桌男同學的手背上戳下去。

雖然女兒一直以來都是被欺負的受害者，卻因為那件事在一瞬間成了加害者，我身為同校的老師真的非常難堪，雖然有各種為難的事，但幸好都順利解決了。但是從那之後，女兒開始完全不剪指甲，她用長指甲抓傷其他孩子的臉，變成了另一個加害者。

那天我對回到家的女兒說了什麼呢？

「妳到底為什麼那麼做？因為妳我丟臉死了，連學校都去不了。」

我對她說著成為仇人的話語，連公婆和丈夫都來幫我，讓孩子更像個罪人了。

隔天我又罵著不想上學的女兒，再強迫把她帶去學校，好不容易送她到教室，我到了自己的班級後，孩子的班導師卻打了電話過來。

「孩子還沒有到，請問發生什麼事了嗎？」

孩子不見了，我和班導都無法上課，為了找孩子到處聯絡，但怎麼都不見她的蹤影。

我的腦中一片空白，整個人亂了陣腳，直到午餐時間，其他學生找到了女兒，她躲在教室附近廁所的儲藏室裡。找到孩子終於可以鬆一口氣了，但我那天對孩子做了什麼事呢？不用說大家也猜得到。現在回想起來，孩子四堂課的時間一直都躲在儲藏室裡，該有多麼害怕和不安啊？

女兒上了中學也一樣辛苦，不曉得從何時開始她的手機不見了，問她怎麼不見了，她說放在學校，可是到了第二天、第三天一樣沒帶回來。在我的逼問之下，我才知道，有個孩子搶了她的手機玩，最後把手機丟進了廁所的馬桶裡。女兒在學校和家裡都因為手機備感壓力，我卻無法理解這樣的心情。「像笨蛋一樣，手機怎麼會被搶走」、「你有毛病嗎」只用著這樣的話來責罵她。

無法理解孩子的心，又如此冷漠責罵她，我承認我曾是個無知又愚昧的媽媽，我真心的想再次求得孩子的原諒。

專注的愉悅

越認識大腦，就越了解額葉的重要，若是能讓額葉更加活躍，許多學習與品性的問題都能得到解決。要怎麼做才能活化孩子的額葉腦細胞呢？要送去多好的補習班、讓孩子學習什麼，都不是教育的重點，父母要考量的是什麼樣的話語和行動會讓額葉更加活躍？

讓額葉活躍最好的方法就是專注在喜歡的事情上。米哈里・奇克森特米海伊（Mihaly Csikszentmihalyi）教授在其著作《生命的心流》（*Finding Flow*）一書中，便提到幸福的條件——專注的重要性。

人類從出生到死亡，根據人生的不同階段會專注在四種事物上。小時候專注在玩，青年時期是愛，到壯年是工作，老年基於種族保存的本能，則是專注在孫子身上。像這樣專注在自己想要的事情上時，所分泌的神經傳導物質就是血清素、多巴胺、腦內啡及感動荷爾蒙（Didorphin），這些物質分泌得越多，越能使額葉活化並且感到幸福，這樣的物質在活化額葉時，扮演了很重要的角色。

然而我執迷的卻是如何填滿孩子的大腦，而不是提升孩子的腦容量。提升腦容量後才能裝得更多，不先提升容量，而只是一味的填滿，孩子當然會充滿壓力。

小時候放學回家，你會做些什麼呢？像現在的孩子去補習班嗎？我從學校回到家，把書包放下後，會和附近的孩子聚在一起玩跳房子、賽跑、跳橡皮筋……，那是一段幸福的童年時光。

不用去補習班，也不用上家教課或參加課後輔導，直到太陽西沉，整個村子變得昏暗為止，就只是玩耍著。等媽媽們從各自家裡出來叫孩子吃飯，整個村子此起彼落的喊著孩子的名字時，再和朋友約好明天一起玩，才依依不捨的回家。

我那個年代一個班上有超過八十個學生，還曾經分成不同時段二部制[3]、三部制的方式來上課。如果是三部制，上課時間是晚上，到了學校沒多久，寫完作業就要匆匆忙忙收拾書包回家了。

當時的老師如果身處現代，應該有不少人會被告。因為只要學生稍微犯一點錯，就會拿起藤條狠狠抽打，就算只有一個人犯錯，也要全班一起接受體罰，甚至還有滿口髒話的老師。

在家裡頭，父母又是怎麼樣呢？由於當時大家的生活都很艱難，父母就只是忙著賺錢而已。根據前面說的，父母對孩子必須「肯定、尊重、支持、稱讚」，然而我們這個世代從沒有好好聽過一次稱讚吧！

那麼總是聽著責備話語的我們，爬蟲類腦變得活躍，每個人應該都會得到憂鬱症，可是卻仍然活得好好的，是為什麼呢？因為我們可以玩耍，就算被老師或父母罵，只要逃過這個危機，就有可以出去玩的希望，老師或父母的責罵並不會造成太大的問題。

還記得玩耍時覺得開心、有趣的時刻嗎？我很喜歡玩，小時候和朋友玩的那種快樂回憶，直到現在都還記得一清二楚。和朋友跑跳玩耍的「遊戲」時間，能趕走所有的壓

3 當學齡人口數大於教育規模時，為了儘可能讓學齡人口全部入學，將一定年齡段的學齡人口分成兩部分，分別在上下午時間內上學。三部制則是分成上午、下午與晚上。

力，和父母、老師、朋友之間不開心的事，只要專注在遊戲上全都可以忘掉，因為專注在玩耍時所分泌的腦神經傳導物質，能使額葉變得活躍。

通常我不會一個人玩，對同樣的遊戲也會厭倦。和朋友一起玩，很自然的就能學會群體生活，培養合作的能力。為了玩不同的遊戲，就要想出不同的點子，因而培養出了創造力。

小時候就應該要玩才能成長，透過遊戲不僅能增進溝通能力與創意性思考，還能學習人際交往，並同時培養學習能力、體驗成就感。

然而現在卻不太容易看到在外面玩耍的孩子了，為了要去補習班，連玩的時間都沒有，連帶的和朋友相處的機會也變少，不知道要如何融入群體。由於不懂如何互相分享、體諒，在堅持已見的情況下，爭吵便經常發生。對於要融入群體，和他人一起生活感到不便，一個人生活的「獨居族」日漸增多，也引起了各式各樣的社會問題。

現在的老師還得跟律師打交道才行，以前學生之間如果發生問題，都是自己私下解決，但最近孩子的問題經常會延燒到父母身上，雙方調解不成，就可能走上法律途徑。專家們甚至預測未來這樣的事會越來越多，因為被剝奪「玩耍」時間的孩子，壓力無法釋放，問題會越來越嚴重。

孩子在該玩耍的時間不能玩耍，漸漸變得提不起勁，也失去學習的動力，孩子被大人剝奪玩耍的時間後，等過了那段時間，就算給他們玩的機會，也不知道該怎麼玩了。就像從小四肢被綁在柱子上的小象一樣，即使長大後將繩索解開，也不知如何逃走。

雖然和朋友在一起，也很難融入彼此來玩耍，我們經常可以看到，孩子們雖然在一起，但總是拿著遊戲機、電腦、手機……各玩各的。放學後應該要去玩的孩子，卻在課堂結束前就開始著急起來，不想要留下來打掃，也不想和同學分組學習、討論，因為大部分的孩子課後還要照著滿滿的計畫表，趕到另一個學習場地。

在漸漸變得昏暗的巷子裡，我們的孩子背著書包肩膀下垂，無力的走進在路邊停著的一部部補習班專車裡。這些孩子是為了什麼？連玩都不能玩，還要花那麼多的時間去不想去的補習班裡呢？父母為了孩子的幸福送他們去補習班，但孩子們究竟幸福嗎？

如何活化額葉皮質腦細胞

下面是活化額葉皮質腦細胞的方法。

在大自然中與心愛的人相伴

自古以來得了不治之症或是身體不適時，人們都會選擇到山上或海邊療養，因為自然中散發的芬多精或負離子等，能讓心靈平靜，有助於消除壓力、恢復疲勞。

所謂的心靈平靜是當心臟規律且平穩的跳動，血液均勻流向腦中的三個部位時。如果此時能和所愛的人相伴一起，更能增添幸福感。

從孩子的觀點來看，誰是他們最心愛的人呢？小時候當然就是父母了，父母是有有效期限的，所謂父母的有效期限，就是指子女喜歡父母的陪伴、玩耍的時期，根據我的經驗還有觀察周邊的例子，父母的有效期限通常到小學三年級為止。在這之前，父母就算只是靜靜陪著孩子，他們也會很開心。但是到了小學四年級以後，就會喜歡朋友多於父母，只有在給零用錢的時候才會喜歡父母多一些。

因此，孩子在小學三年級之前非常重要，這個時期如果能好好陪他們玩的話，不僅能累積美好的回憶，往後父母和孩子之間的溝通也會更容易。許多愛情長跑多年的戀人結婚後，就算雙方感情生變想分手，還是會因為回憶而捨不得。回想起「在下雨的日子曾發生這樣的事，下雪時有過這樣的事，秋天落葉凋落時有過這樣的回憶……」又能再度點燃以前的感情。

孩子也是一樣，如果有多一點小時候和父母的美好回憶，就算後來發生辛苦或不好的事，也能產生克服的力量。小學三年級之前能好好陪伴孩子的話，即使孩子上了大學偶爾也會回來陪伴父母當作回饋。

通常父母上了年紀之後，由於在時間和金錢上比較寬裕，會想和孩子一起去旅行，但假使孩子覺得和你不夠親近，那麼對他來說，和父母一起旅行只會讓他覺得尷尬和煩躁而已，或許會得到「還是媽媽您自己去，要不跟爸爸一起去？」這樣的回答吧！

問題在於孩子小學三年級之前，父母正處於忙著償還房貸或爭取晉升的時期。小學三年級前，兒子常對丈夫說：

「爸爸，我們去學校的運動場踢足球吧！其他同學週末都會和爸爸踢足球，爸爸不是說過以前是足球選手？為什麼不跟我一起去踢足球呢？」

住在學校附近的兒子，週末偶爾會去學校玩。球場上有許多和爸爸一起來踢足球的孩子，他的心裡覺得遺憾，所以才會來懇求爸爸。但每當孩子這麼說時，丈夫的回答卻是：「爸爸要工作很忙」、「以後等有時間」、「等爸爸賺大錢」……。

等到了週末，又喊著忙一早就離開家裡了。好不容易工作稍微步上軌道後，卻迷上高爾夫球，要陪伴孩子就更加困難。早晨的教會禮拜可以不去，高爾夫球的邀約不管多早都會遵守。結果這麼認真投入時間的事業卻面臨倒閉，而孩子的童年就像風一般稍縱即逝。

不懂孩子的愚昧父母，到現在才來後悔有什麼用呢？因此，我要大聲疾呼，將我迫切的心情傳達給所有的父母們。

「小學三年級以前的孩子，最幸福的時候就是和父母一起待在大自然裡，那時會分泌稱作血清素、多巴胺、腦內啡及感動荷爾蒙的腦神經傳導物質，使額葉的活動更加活躍，因此請絕對不要錯過這個重要的時期。」

我認為到小學三年級前，最好由母親親自來帶孩子。而國家應該要全力支援在家教養孩子的父母，而不是讓父母因為經濟壓力，不得不把孩子交給別人。

「懇請政府創造出適合的條件，讓這片土地上的父母親能在家養育孩子到十歲為止。」我甚至願意為此披上背帶到國會前請願。

不只聽，還要多說多寫

只是聽人說話很容易厭倦，相反的把話說出來之後，心情就會變好。說話，也能讓額葉的活動更加活躍，和朋友聚在一起閒話家常能紓解壓力，因此話多的人較少有憂鬱傾向。

即使是上課時間，發表意見也很重要。想要說得好，得先思考要怎麼說，如此便能活化額葉。另外，書寫不只能鍛鍊手部肌肉，也能刺激腦部思考。

然而最近的孩子因為太習慣用電腦、手機，而不太喜歡寫字。家長和老師們需要打造出能讓孩子拿起鉛筆和原子筆的書寫環境，設計各種能讓手部活動的課程。

學習外語和閱讀書籍

人類一出生時便擁有可以說好所有語言的大腦，但如果只使用母語的話，其他沒有使用的部分便會退化，所以只要經常練習，即便是外語，一樣能說得跟母語一樣好。一般來說，某種語言認真學習三年，就能學會基礎的聽說能力。

各位現在的年紀是幾歲呢？假設介在三十到五十歲之間的話，大約還有五十年可活，如果每隔三年就學一種外語的話，不只可以學會多種語言，還能活化額葉預防失智呢！想在三年內學會一種外語的話，該怎麼利用時間呢？首先就從減少看電視的時間開始吧！

我以前也很喜歡看電視，隨著節目哭著笑著，偶爾還會發脾氣，為了看自己想看的節目，還曾和孩子吵架。但是某天靜下來一想，我這樣認真收看節目，讓收視率提高，使演出者身價也跟著水漲船高，光是拍一支廣告就要價數百萬元。他們的身價上漲，而我上升的只有體重。為了殺時間，看電視時哭得一把鼻涕一把眼淚，該做的事沒做，還為了看自己想看的節目，和孩子、丈夫吵架，這些都讓我十分後悔。

因此，某天我把電視丟了。因為電視不見了，家裡開始出現各式各樣的奇觀，孩子們為了看電視跑到爺爺奶奶家，丈夫回家的時間也變晚。但不知從何開始，他們也放棄了看電視的念頭，沒有電視不也活得好好的嗎？我開始利用原本看電視的時間來學習，取得了無數的證照，讓自己身價上漲了。

有位知道我家沒有電視的朋友，在我們搬家時送了一台電視過來，放著擔心自己又會像以前一樣，丟掉又覺得可惜。後來我只裝基本的頻道，現在我們家除了必要的節目外都不看，過著不受電視拘束自由自在的生活。

有次公婆過來家裡，說道：「你們家電視的頻道太少了」，並詢問孩子們要不要裝有線電視，孩子們竟說不需要。雖然我們家的電視只能收看四台電視頻道，但家人們各自的身價都在上漲中。

看電視的時間一旦減少的話，讀書的時間無論如何就會增加，閱讀對於額葉的發展有很大的幫助，看書的時候會很自然的想像場景，不像看電視時是放空的，閱讀時得思考，自然能刺激腦部發展。

進行創意性的思考與活動

培養孩子的創造力相當重要。為了提升孩子的創意，學校會舉辦各種教育活動，當孩子嘗試新的想法或活動時，對於額葉的發展也會有極大的幫助。

自己制定計畫並管理時間

大家小時候應該都有這樣的回憶吧？當老師公布考試的日期和範圍後，我們會回家訂定計畫，確認國語、數學、自然、社會等各科目的考試範圍，計算到考試前還剩下幾天，訂下一天要念幾頁的書，然後整理在一張紙上，甚至還塗上顏色，再貼在書桌前，好像照著這麼做就能把書念完、把試考好。

現在很多學校、老師會幫孩子製作好計畫表，再利用計畫表來指導學生進行時間管理。雖然讓孩子自己制定計畫並不容易，但就算無法依照計畫來實踐，制定計畫這件事本身就能刺激孩子的思考，培養他們自主學習的能力。

5 培養孩子潛能的教練式輔導

教練式輔導並不是對孩子百依百順、有求必應，
而是支持、肯定孩子說的話，
協助他獨立思考並做出正確選擇。

輔導一

讓孩子自己選擇

在前一章中提了許多關於腦的內容，而教練式輔導更是協助孩子活化額葉的好方法。教練式輔導的核心三要素為「自己選擇、支持性的回饋、成就感」。

教練式輔導的基本哲學就是相信孩子具有各自不同的潛力，相信孩子同時也將選擇權交與孩子，讓他們自己選擇，這麼一來孩子就能培養出自信。

無論我們用多麼柔和平穩的聲音對孩子說：「吃完飯去念書吧」、「我們出去運動吧」、「寫作業吧」，那都是嘮叨而不是教練式輔導。即使孩子想要念書、運動、寫作業，聽到這些話的瞬間，就什麼都不想做了。因為人類有選擇的本能，因此，與其單方面要孩子做什麼，不如問問他們：「吃完飯想做什麼？」

舉個有趣的例子來說，我教學生時，為了賦予孩子動機，會準備幾樣文具用品當作獎勵。我們小的時候，有人送文具給我們的話，當然會很高興，但對現在的孩子來說，文具隨處可見，沒什麼了不起的。儘管當成獎品收下了，但學生並不珍惜，有時還隨便亂放甚至掉在地板上滾來滾去，看到這情況我當然會很生氣。

「怎麼可以把老師給的禮物亂丟呢？」我越想越氣，「這是誰丟的？」隔天一大早我便開始詢問。

為了要找出犯人大聲訓斥著學生，一早就開始罵人，形成了恐怖的氛圍，孩子們腦部的狀態變得如何呢？做錯事被責罵的孩子當然害怕，其他孩子也會覺得不安，血液都流往爬蟲類腦了吧？

在這樣的狀態下上課，我解說的內容孩子都能聽進去嗎？就算聽了也無法理解吧！後來我把獎品變成孩子們喜歡的零食，把「水果軟糖、果汁糖、滋露巧克力、QQ糖、毛毛蟲軟糖」等滿滿的裝在漂亮的籃子裡，花花綠綠的顏色好看極了。取得了心智圖講師的證照後，我將重點放在顏色有助於孩子腦部發育的論述上。

然而我還差得遠呢！我把表現好的孩子叫來領獎品時，是由我來挑獎品給他們，這時孩子們會說：
「老師，我可以拿其他的嗎？」
「好啊，你挑你想要的吧！」要是我能這麼說有多好啊！但我回答的卻是，「給什麼你就拿什麼，老師給你就要心懷感激收下，哪來這麼多話？」
溫順的孩子乖乖收下就走了，可是偶爾還是會有膽子比較大（？）的勇敢孩子，收的時候表達自己的意見：
「老師請給我別的，我最討厭這個了。」
「你沒資格拿，拿回來。」
聽到這樣的話，我會把給的獎品搶回來放回籃子裡，回到座位的孩子會怎麼想呢？「哼，真是小氣，我要回家叫媽媽買一大盒給我吃。」孩子一定邊生氣邊這麼想吧！生氣後變成爬蟲類的孩子，不可能專心上課，坐在椅子上，思緒不曉得飄到哪裡，我當然看不順眼，觀察他一會兒後便要他站起來。
「老師剛剛說了什麼？把老師剛剛說的再說一次。」
突然被點名的孩子能回答嗎？當然回答不出來，不過偶爾還是會有孩子能答對，這反而會讓我更生氣，心裡想：「等著瞧，我這堂課一定不會讓你好過。」

至於面對大部分回答不出來的孩子，我會用鄙視的態度說著：

「我就知道會這樣，其他人都很認真聽，你在幹什麼？」接著再次威脅，「我等一下還會再點你，給我認真聽！」

這樣的話對孩子會造成多大的傷害，我學了教練式輔導後才明白。

讓孩子自己選擇籃子裡的獎品，有什麼好處呢？挑選物品時，人不只是挑選而已，在一瞬間看過所有的物品後，這個是甜的、那個好酸、那個是便宜貨、這個比較貴……在短短的時間內，他們得在腦中完成無數的情報處理，他們得學會分析、思考。我到後來才明白「讓孩子自己選擇」有多麼重要。

想吃什麼、想做什麼、想穿什麼、想去哪裡、想買什麼，這所有的事物，應該從小開始就給予孩子選擇的機會。

快點選，一、二、三！

我曾經給孩子選擇的機會嗎？我要在此自白，不管什麼，我都沒有給予孩子選擇權。我為了盡父母的本分，在兒童節、孩子生日、聖誕節等節日會帶孩子去挑禮物。孩子們帶著一顆興奮的心跟著我到了百貨公司，然後我會這樣對他們說：

「十分鐘內快點挑好，媽媽很忙。」

聽到這句話的瞬間，孩子會怎麼樣呢？一定會變得不安吧！得快點挑才行的壓力，讓內心著急了起來，選這個挑那個當中，東西一直不小心掉了下來。

「是要我全部買下來嗎？用眼睛看就好，怎麼一直掉？」

孩子聽到指責的話，變得更畏縮，更做不出選擇了。時間一分一秒過去，孩子內心越來越著急，我只是不斷催促著，「媽媽數到三的時候要挑好，一、二、三！」

孩子如果還是挑不出來的話，「這個我們家沒有，拿這個就好了。」我會幫他們做決定，這當中曾有好幾次，禮物是照我的想法來挑的。

早上我得趕著上班，所以在前一天晚上，我會事先準備好孩子明天的衣服。看了天氣預報後，把適合的衣服用自己過時的品味來搭配，兒子早早就明白贏不了媽媽，總是乖乖穿我準備的衣服。可是女兒卻不是，只要不合她的意，每天早上都嚷著不要穿那些衣服，有時候還會先穿好別的衣服。

在我看來，穿女兒挑的那些衣服出去的話，不是感冒就是會中暑，有時衣服顏色看起來也不搭，但女兒還是執意要穿自己選的衣服。我總是喊著「小孩子跟媽媽爭什麼」、「還不脫掉」等話。如果女兒繼續堅持的話，我甚至還會強行把衣服脫掉。

孩子緊抓著衣服，而我又堅持脫掉，那衣服會怎樣呢？沒錯，我家裡有很多撕爛的衣服，就算孩子不喜歡，我仍舊罵著「這麼固執到底是像誰」，然後強行套上我挑的衣服。從頭到腳把顏色配好，頭髮梳得整整齊齊，再綁上各種蝴蝶結和髮圈。

我家有很多依我的喜好買的髮飾和髮圈，女兒臉蛋小巧又標緻，我喜歡把她的頭髮全往上梳成一束，再綁上各種顏色的髮圈和蝴蝶結，我覺得這樣很漂亮。

在旁邊看著的兒子會說：

「媽媽，沒有人像妹妹這麼漂亮了吧？真的很漂亮！」

但女兒卻嘟著嘴耍性子，說袖口不合或衣服卡卡的不舒服，有各式各樣的理由。「那裡不合？妳兩隻眼睛仔細看，明明就很合身？」、「哪有卡卡的？都可以裝兩個人了。」我會不斷的指責、嘮叨。

女兒應該是覺得想要穿喜歡的衣服是不可能的了，於是把頭上的橡皮筋全拿了下來，對著鏡子自己把頭髮綁得斜斜的。該去上班的我，即便沒時間依然火大的幫她重綁。我拿著梳子大力的梳，粗魯的抓著頭髮，邊綁邊說：

「都怪妳，我上班要遲到了！」

聽到這些話孩子只會更生氣，每天早晨，家裡總是像戰場一樣。以這樣一早就生氣的狀態去學校，女兒的學校生活還會開心嗎？因此她三天兩頭的缺席，當時我不理解女兒為何會這樣，只覺得她是不聽話又固執的小孩、問題兒童，學了教練式輔導後，我才明白女兒當時為何有這樣的行為。

我家的孩子連去旅行時，都不曾說出自己的想法，因為我認為「孩子懂什麼？大人帶著，小孩乖乖跟著就好了」，所以未曾想過要問孩子的意見。學了教練式輔導後，我才知道詢問孩子想去哪裡有多重要。想去山上，還是海邊呢？要在國內玩，還是出國玩呢？即使是再簡單不過的事，也應該從小就要給予孩子選擇的機會。

補習為什麼對孩子不好呢？幫助孩子學習的補習並不壞，但是沒有選擇的補習就是壞的，我是這樣送孩子去補習班的。

「你數學競賽沒拿到金牌吧？去上數學補習班。」

「上了中學後，聽說美術成績也會包含在成績評估中，所以你去上美術補習班。」

「總要理解一下我們國家的文化才行吧？去學傳統樂器。」

「直笛也要吹得好才行，這次假期去參加直笛營吧！」

「掉進水裡得要浮得起來，游泳也要學學。」

「聽說溜冰也很不錯，這個冬天就學一下吧！」

「滑雪可以一家人一起去，看來也不賴，滑雪也要學。」

我家兩個孩子總是忙碌的被各種課程追著跑，不曾放下重擔好好的玩，然而要他們學那麼多東西，我卻從未問過他們的想法。我覺得需要的事，才不管他們想什麼，只要照做就好。

可是，我為何要做出這樣無理的要求？這些都是我小時候特別想做，但因為沒有錢或條件不允許，而留下的遺憾。特別是對鋼琴，我更有段心痛的回憶。

教育大學的學生需要學會在小學課程中的所有科目，所以鋼琴是音樂課必修的課程。但我是到國、高中時期才第一次看到鋼琴，因此對我來說要演奏鋼琴真的很難。在大學一年級時，音樂課成為我最討厭的時間，雖然我整個學期都不停的練習考試的歌曲——「國歌」，但我得到的分數卻只有D而已。這慘痛的經驗，讓我對鋼琴產生了遺憾，下定決心「以後我生了孩子，一定要讓他們學琴」。

因此，我家孩子在讀小學之前就開始學琴了，孩子對鋼琴有沒有興趣、有沒有才華都不重要，我認為不管什麼只要認真去做，一定會成功。兩個孩子除了週末之外，整個星期都要去上鋼琴班，一天都沒有例外，但到二、三年級時，孩子們開始向我抱怨：

「媽媽，我可以不上鋼琴課嗎？我討厭彈鋼琴，只要一去上課，就覺得喘不過氣好像要吐了，可以不彈鋼琴嗎？」

「少說廢話，給我認真彈，彈著彈著就會喜歡了，你以後會感謝媽媽的！」我總是這麼說。

我後來才知道孩子大部分的時間都沒有去上鋼琴課，而是跑出去玩了。我把兩個孩子叫來我面前坐好，用威脅的語氣對他們說：

「你們給我聽好，媽媽以前住的地方沒有鋼琴，你們是因為好命有我這個媽媽，才能看到鋼琴、摸到鋼琴，這可是要花大錢才能學的才藝，要懂得感謝。鋼琴你們至少要學到小學畢業，以後鋼琴補習班要是再缺課，就不准給我回家，知道了嗎？」

於是孩子只好勉強繼續學，當中他們還拿過全國大賽的獎盃，直到小學畢業那年才停止。但從那天之後，兩個孩子再也沒有坐到鋼琴前，每天彈著不想學的樂器，孩子的壓力有多大啊？我是多麼愚笨無知的母親，現在一想起來，在孩子面前都抬不起頭。

因為鋼琴是無法隨身帶著向他人炫耀才藝，所以我還讓孩子另外學了可以攜帶的樂器。兒子是單簧管，女兒是長笛，兩個一起演奏看起來多麼賞心悅目啊！我要他們學到中學畢業為止，這當中兒子參加全國的單簧管比賽，還拿了獎。兩個孩子合奏再加上我的鋼琴伴奏，我們也曾出席家族音樂會。在教會裡甚至還加入丈夫，全家人一起獻上聖歌表演。看了當時的照片，裡頭只有我是笑著的，丈夫和兩個孩子都深鎖著眉頭，那長笛還有單簧管現在不曉得放到哪裡，再也找不到了。

勉強兩個孩子做不想做的事，不但花錢、浪費時間，連親子關係都消磨掉了，請各位父母問問你們的子女：

「你上的那個補習班，是你想要上的嗎？還是逼不得已才去的呢？」

勉強孩子補習，不僅讓各位花了錢、浪費了時間，消磨了親子關係之外，甚至毀壞孩子想學習的大腦，希望各位能牢記這件事。

尋找交通不便的偏遠地區

兩個孩子分別上國二、國三的那一年，眼看高中入學考試即將到來，我內心更加著急了起來，煩惱著該怎麼做才能提高孩子的成績。在偶然間我看到了「寄宿學校」，只要把孩子送到寄宿學校，老師就能幫忙督促孩子早上五點起床，念書到晚上十二點為止，我想這麼做對於高中入學考試應該會有很大的幫助。

有著強大情報收集能力的我，找到了一處好山好水，大眾交通工具絕對到不了的地方。為何要找交通不便的地方呢？因為這麼一來，想回家的孩子就無法回來。我用網路搜尋了十天左右，終於找到讓我滿意的地方了。

這當然是我單方面的決定，我整理好東西，把兩個孩子和行李一起塞進車子裡，接著跟丈夫一起往寄宿學校出發，在車子裡我持續對孩子說著要求事項：

「那邊是真的很貴的補習班，認真念書不要心不在焉，拿到好成績才能進入好高中，等到媽媽去接你們回來之前，都不能回家。」

當時我不管叫兩個孩子做什麼，他們都會乖乖照做。孩子在那裡適應得很好，成績也非常優秀，但是從那次之後，只要電視上出現寄宿學校的「寄」字，孩子就會轉台。

至於孩子的外語學習，我怎麼安排呢？由於丈夫事業倒閉，家裡經濟狀況並沒有很好，想讓孩子學好英文，又沒有錢送去美國，所以我選擇了菲律賓。那裡也是個好山好水、交通工具不是那麼簡單到達的地方。

菲律賓位在東南亞是知名的美軍度假聖地，無論蜜月旅行或度假都很受歡迎。為了親自把兩個孩子帶過去，順便見見當地的傳教士，我和他們一起搭飛機過去，兩個孩子在兩個月後回來，一樣再也不願到東南亞附近了。

我們家孩子吃飯的時候也沒有選擇權，「媽媽晚上做了這道小菜，趕快吃」、「這個對身體很好，快吃」、「怎麼可以只吃肉？青菜也要吃」，在餐桌前一直這樣嘮叨，孩子能好好的吃飯嗎？不曉得是不是因為如此，我的兩個孩子腸胃不太好，三不五時就往醫院跑。

女兒中學時還因為腸胃問題住院，原本該去的補習班沒去，連學校都缺課，該上的課沒上，卻躺在醫院裡，搞得我心煩意亂。也因此下班後到病房去，總是沒好氣的說話。完全不管孩子一個人待在醫院裡有多麼孤單難受、不舒服，一進到病房就開始問孩子今天看了什麼書？寫了多少習題？在我看來孩子根本就是在裝病，腸胃那點小毛病馬上就可以痊癒。

可是孩子的狀況還是沒什麼起色，過了半個月以上，我的內心更加著急，還去找主治醫生抗議。怎麼孩子完全沒有好轉，住院時間越來越長，學校和補習班都沒去，實在太擔心了，我就這樣向醫生半抱怨半抗議，醫生讓我看了一張照片。

「伯母，這是您女兒胃的照片，胃的狀態簡單來說的話，就等於是胃壁被長長的指甲刮傷，血正不停的流著，這是很痛苦的，她是因為很會忍耐才能忍得住。我也以為治療後馬上就會好，但復原狀況比預期中要長，不曉得為何會這樣，我也很擔心。」

當時的我無法理解醫生說的話，到很久以後才明白，女兒的病因是我，媽媽應該是讓孩子最感到放心的，但我卻成為孩子最大的毒藥。總是照我的心意、照我的想法、照我想要的去命令孩子，我誤以為父母的角色就是要培養出聽話的孩子。教練式輔導中最重要的就是選擇，如果知道讓孩子自己選擇有多重要，我絕不會犯這樣的錯誤。

對先生也是一樣，如果命令先生，「老公，去丟一下垃圾」。就算他有那個打算也會生氣，聰明的太太要列出幾個待辦事項，讓他做出選擇。

「老公，垃圾該倒了，還要打掃，碗也要洗，你要選哪一件？」

用柔和沉穩的聲音撒嬌的說著，先生很難三項全都拒絕。聽到這話的瞬間，他會開始琢磨哪一項對自己最有利，所以在日常生活中給予選擇的機會，也是讓丈夫的額葉更活躍的明智之舉。每件事都這樣可以選擇的話，還能讓丈夫發揮潛力喔！

輔導二

給予支持性的回饋

教練式輔導的第二要素就是支持性的回饋，也就是「肯定、尊重、支持與稱讚」，肯定與稱讚的重要性我們在前面已多次提及。孩子做了選擇後，不要去追究那是好是壞，重要的是要先給予支持。

「是喔，原來你想要那個啊！」

將孩子說的話，如同照鏡子般複述，是最簡單且安全的支持性回饋。

可是，我不只沒有給孩子選擇的機會，連孩子做了基本的選擇，也不曾給過支持。

兒子中學三年級的某天，這麼對我說：「媽媽，我可以把學打鼓當成興趣嗎？」

在我的觀念中，會打鼓的都是一些不念書的孩子。帶著這樣的偏見，我這麼回答：

「什麼？講什麼打鼓，你現在是學打鼓的時候嗎？有時間學打鼓的話，怎麼不去多寫個習題，多讀本書。」

之後只要一有機會，兒子又會再提起，反覆的話題讓我很生氣，於是我對著他說：

「看來你還有時間學打鼓，那就再多上一個補習班吧！」

自此之後，孩子就再也沒提過了。同年，兒子的社團活動選了街舞。

「你參加什麼社？」我這麼問他。孩子支支吾吾的回答是街舞社。在我的觀念中，街舞也是不念書的孩子才會去跳的，因此我跟兒子說：

「那麼多的社團，為什麼偏偏選街舞社？誰會進那種社團？你出車禍之後，腳跟腰都不好，跳什麼街舞？明天去學校換掉。」

「媽，你知道我今天猜拳猜了幾次嗎？」兒子語氣不耐煩的說。

原來街舞社在學校十分熱門，一次只挑選兩到三個人。為了能加入社團，報名者還要猜拳決定勝負，兒子可是突破了高競爭率才進去的，可是媽媽卻老是要他換，心裡一定很鬱悶吧！兒子斬釘截鐵的對我說：「社團都選定了！現在不能換了！」

但我會輕易退讓嗎？「人安排的事哪有不能換的道理，明天就去換，媽媽說的話，你都會聽不是嗎？」

「我辦不到！」兒子說完，砰的一聲關上房門進去了。

「知道了，我自己看著辦。」我對著孩子的背影大聲喊著。

當時是某小學教務組長的我，隔天課堂一結束，就往兒子的學校出發，找到班導師後對他說：

「我的兒子小時候出過車禍，腳跟腰都不好，醫生也說不太能運動，兒子好像忘了這件事，還申請了街舞社，我希望能換掉社團。」

雖然的確出過車禍，但醫生說不太能運動的話，是我加油添醋的。班導師到處打聽之後，幫兒子換了社團，換成什麼呢？讀書會！被迫去讀書會的兒子，該有多生氣啊？為何兒子想要學打鼓和跳街舞呢？是因為壓力！孩子會想盡辦法解除壓力，因為沒辦法揍爸媽，打打鼓感覺心裡就暢快多了，如果能瘋狂跳個舞的話，感覺壓力也能解除，但這沒用的媽媽偏偏就拚命阻擋。

那年兒子學校的校慶活動，街舞社的表演很受歡迎，兒子看了表演會怎麼想呢？

「我本來也可以站在那個舞台上的，都因為那個像仇人一樣的媽媽……。」兒子的心裡肯定是怨上加怨了。

我也想讓兒子站在舞台上，儘管兒子百般不願意，我卻代替他向學校的音樂老師提出申請，說想要在校慶時上台演奏曾在全國比賽中得獎的單簧管，音樂老師的太太正好是我的高中學姐，便欣然答應了。

當天，我強迫孩子穿上他死也不想穿的燕尾服。抵不過媽媽的逼迫站上舞台的兒子，用滿是不耐煩的臉進行演奏，我對站在舞台上的兒子感到驕傲。但是對喜歡流行音樂的學生來說，兒子的古典樂演奏，自然不受歡迎。演奏結束後，幾乎沒有人拍手，只有我和音樂老師拍了又拍，拍到手掌都痛了，實在是一場讓人哭笑不得的鬧劇啊！

假使我在兒子想學打鼓、說要參加街舞社時，真心的詢問原因並讓他學的話，以後就不會有休學的事了。當孩子說要做什麼時，絕對有理由，一旦孩子做了選擇，一定要給予他支持性的回饋，說出拉近彼此的對話。舉例來說，如果問孩子：「你吃完飯想做什麼？」孩子回答：「我想玩電腦遊戲」。

這樣的答案一定讓你很不開心，你會忍不住說：

「什麼？你現在要打電動？你知道你還有很多事要做嗎？你是瘋了吧！」

這些成為仇人的話語，是折磨彼此的對話。儘管心裡火冒三丈，還是要先對孩子的話給予支持性的回饋，「是喔，想打電動喔？最近什麼遊戲比較好玩呢？你為什麼喜歡玩遊戲？玩多久比較好呢？」提出這類的問題後，再從中延伸出對話的機會。

孩子說：「媽媽，我玩一個小時就好。」

媽媽回答：「你想玩一個小時啊！可是媽媽想說你還有功課要做，也還有習題要寫，要做的事情很多。如果玩了一個小時的電動，今天要做的事情沒做完，或是做到很晚的話，我擔心你明天早上會爬不起來，你覺得呢？」

這麼說之後，讓孩子自己調整時間。教練式輔導並不是對孩子百依百順、有求必應，而是支持、肯定孩子說的話，同時協助他獨立思考並做出正確選擇。每個人做選擇時，都有其原因和依據，對於選擇給予尊重後，再詢問理由引導孩子重新思考一次，對孩子來說也非常重要。

當孩子思考、選擇時，能使額葉更加活躍。從這一點來看，學習如何思考、表達就很重要，但如果為了讓孩子習得這項能力，而勉強把孩子塞進不想去的補習班，那就不對了，應該要將此融入於日常生活中才是。

輔導三

讓孩子感受成就感

教練式輔導的第三個要素就是「成就感」。對於孩子的選擇，若能給予支持性的回饋，孩子就能感受到成就感，如此一來便賦予了動機，也有益孩子嘗試學習其他事。

兒子從軍隊退伍後的某一天，跑來跟我說：

「母親（當了兵之後，孩子開始喚我母親），我活到現在，從來都沒有感受過成就感。」

參加各種比賽拿了無數的獎項，還是全校第一、二名，擔任過全校學生會會長、副會長，這樣的兒子竟然說從來沒有感受過成就感，讓我不禁感到心痛。

兒子為何不曾有過成就感呢？那原因我非常清楚，因為我從來沒有讓孩子自己去做選擇，參加各種比賽贏得獎項、當選學生會長，都是我一手策畫的。

「你說什麼啊，兒子？」我以悲痛的心情回答。

「因為我沒有感受過成功，要開始做什麼的話，真的會很恐懼。我現在退伍了，覺得該開始做些什麼了，卻不曉得要做什麼，心裡又再次覺得煩悶，感覺快要瘋了，好像又要得恐慌症了，好難受。」

兒子在高三時得到了恐慌症，原本該是全校第一名畢業的孩子，因為媽媽的計畫和逼迫已瀕臨極限。孩子擔心成績不如預期，媽媽肯定會生氣，加上爸爸事業倒閉，家裡狀況又很不好，只要到了學校就覺得胸悶不安，頭痛到快要炸了……。

我到後來才知道兒子的心生病了，兒子這麼對我說：

「母親，我當時想活下來，只要去學校就覺得快要死了一樣，所以才想休學，但當時沒有一個人能理解我、聽我說話。」

接著又說自己好像又快要得恐慌症了，眼淚不停的滴落下來。我看著這副景象，心彷彿就被撕裂一般。曾得過憂鬱症或恐慌症的人，如果再度遇到類似的情況，復發的機率很高，就像容易感冒的人，稍微冷一點或處於疲倦的狀態時，就會得到感冒。

曾在絕望中度過的兒子，有一天這麼跟我說：

「母親，您還記得我中學時說過要學打鼓嗎？」

「當然記得。」

「現在還可以當成興趣來學嗎？」

「現在當然可以，媽媽現在不是爬蟲類，而是靈長類了。人生苦短，你想做的事，只要不會危害你的生命或給別人帶來麻煩，都去做吧！媽媽相信你。」

兒子自己在網路上搜尋並打聽音樂教室，然後開始學起打鼓了。他也買了打鼓的工具，擔心聲音太大會吵到別人，連大熱天都關上房門來練習，拿著鼓棒走出來的時候，高興得用鼻子哼著歌。

「這麼開心啊？」我問他。

「是啊，母親，我直到現在才有活著的感覺，謝謝您！」他邊說邊對我行禮道謝。

勉強他學的鋼琴，就算學了八年，要他再次坐回鋼琴前怎麼也不願意。自己決定要學的鼓，沒有任何人要求他，卻每天練習到深夜。過了大約三個月後，某天我去了一場深夜禱告會，意外發現兒子在舞台上打鼓伴奏，大方坐在那裡。

在教會裡，有音樂專門背景的人不勝枚舉，我去的教會也是一樣，由於有太多音樂專業人士，業餘者連要摸到樂器都很難，而我兒子竟然在打鼓，這讓我非常驚訝。後來我才知道原本負責打鼓的人由於家住得遠的關係，只能參加第一堂的禮拜，因此第二堂禮拜就少了打鼓伴奏的人，兒子知道後，自告奮勇的接下了這工作。

某個週日的早晨，兒子起得特別早，早起對兒子來說一直是件苦差事，我好奇的問他今天有什麼事？

「我今天要擔任兒童主日學的老師，要早點去教會。」他回答。

我因為好奇，便跟著到兒童主日學的禮拜室偷看，果然兒子正在打鼓伴奏。

那年夏天，家裡由於各種問題經濟上十分困難，我雖然心裡希望兒子能去打工，但兒子卻沒這麼做，反倒是到教會舉辦的各種訓練營擔任志工，到處打鼓伴奏，最近還開始擔任教會主要活動的鼓手，表現已和專業人士一樣。做著自己想做的事時，兒子從中獲得了成就感，也因為這樣恐慌症和憂鬱症都好轉了許多。

自己選擇，再從中獲得支持性回饋的話，就能獲得成就感。感受到自信和幸福之餘，還能發揮潛力，我透過兒子的例子，又再次有了深刻的感受。

父母幸福的模樣是最好的遺產

在以下章節中，會引用情緒教練式輔導大師崔星愛博士的觀點。若我們把腦比喻成房子。小學三年級之前，孩子的額葉雖然比較小卻是幾乎完整的漂亮房子，許多腦科學家認為額葉的第一次成長期是在三歲以前。在三歲以前第一次成長發育的額葉可以活動到十歲也就是小學三年級為止，因此這個時候的孩子雖然還小，但由於有發育至一定程度穩定的腦，才能乖乖聽話。

然而現在孩子在小學三年級之前，情緒有問題的也不少，造成這樣的原因有很多，但我認為主要的原因是：孩子在三歲之前額葉第一次成長期中，沒有穩定的環境，而無法提供給孩子穩定環境的最大原因，就是夫妻關係不良。

夫妻關係不良就像是夫妻之間不停發生戰爭一樣，各位如果身處戰場的話會怎麼樣呢？會因為不知道狀況如何而感到恐懼不安、充滿壓力，心臟也劇烈跳動著吧！孩子也是一樣。

夫妻一旦吵架，雙方高聲謾罵，心臟也會加速跳動。據說人類的腦所發出的腦波能傳達到周圍半徑三到四公分的距離，而心臟所發出的波動則是能傳達到一點五公尺之外，若再加上對方的，受到波動影響的範圍最多達三公尺那麼遠。

處在同一個空間中，父母的情緒、心臟波動會影響到孩子。如果父母在爭吵時，家中有三歲以下的孩子，大人因為爭吵心臟大幅度且激烈跳動，孩子也會受到影響。即便孩子並不知道父母在爭吵，也能感受得到。

約翰．高特曼博士曾說「無需將大筆的財產繼承給孩子，只要讓他們看到父母幸福的模樣。」看到父母幸福的模樣時，孩子也會學習那幸福的模樣。

每天得和媽媽分離的孩子

我認為影響孩子額葉發育不良的另一個要素就是「分離焦慮症」。像我一樣要兼顧職場的媽媽們，上班時間只能把孩子交給其他人照顧。我生產時，那時政府宣導的口號是「兩個恰恰好」，而現在政府則希望年輕人們多多生孩子。

在過去，別說是育嬰假了，連請產假都還要看學校臉色。我生兒子時休息了兩個月，但女兒出生後不到七週就上班了，因為學校找不到代課的老師，所以校長一個星期內會打好幾次電話來，拜託我早點回去上課。

那時我和公婆一起住，家中還有先生的祖母，先生的阿姨也住在附近，每天早上會來我們家幫忙家務，順便照顧孩子。有他們幫忙帶小孩，我才能無後顧之憂的去上班，然而要離開孩子去學校並不是件容易的事。每天早上兩個孩子總是哭著說要跟媽媽走，因此只能趁孩子還在睡，或是沉迷於玩具時才能出門。

「媽媽去一下超市買你喜歡吃的東西回來。」我還曾經這麼說謊後消失。試著站在孩子的立場想，眼睛一睜開媽媽不見了，回頭一看也找不到媽媽，說馬上就要回來的媽媽一整天都沒有出現。孩子難道不會想著：

「媽媽去哪裡了？怎麼不回來？什麼時候回來呢？」然後一直等待嗎？

如果等待他人的角色換成我們，會怎麼樣呢？

「怎麼一通電話都沒打來？到底怎麼回事？」腦子裡滿是這種想法，心裡升起一股無名火然後大發脾氣吧！但同時內心也會不安，擔心對方是不是怎麼了？當等待的人來時，「怎麼這麼晚？在做什麼現在才來？」相信大家的話語中，也會夾雜著抱怨來抗議吧？孩子也是一樣的。

我的女兒特別敏感，動不動就哭，她用哭泣來表現等待媽媽一整天的心情。我當時從來都沒想過女兒為何會這樣，只覺得大概是她天性愛哭吧！

不曉得從何時開始，開始會爬的女兒只要接近太陽下山時，就會爬到陽台邊玩。等到差不多會走時，差不多時間就到陽台的窗邊走來走去，如果公婆把她帶回客廳，孩子又會哭著再走到陽台。當時我一點都不關心也沒有想過孩子為何會到陽台旁哭呢？

因為孩子知道只要太陽一下山，媽媽就會從陽台進門回家了。為了想快點見到媽媽，奮力的爬啊爬、搖搖晃晃的走啊走，好不容易才到了陽台，結果又被帶回客廳，實在太生氣了才會哭。

家裡的長輩們比較重男輕女，對於長孫又是男孩的哥哥格外關愛，女兒雖然還不會說話，但卻能感覺得出來。尤其是丈夫的祖母因為只生了兩個女兒，對於生男的執著，讓她更關愛曾孫子。如果妹妹拿了哥哥的玩具，還會幫哥哥搶回來。

有天我發現祖母的臉和背上有多處傷口，詢問原因後她才說：

「那是妳女兒咬的，不曉得是不是像妳才會這麼兇狠，但長得可愛也拿她沒辦法？」祖母笑著說。

看來女兒是不滿意祖母更疼愛哥哥的行為，所以當祖母背她時咬了祖母的背，抱她時再咬了祖母的臉，才會產生這麼多傷口。

待在這種環境下的女兒，只能等待著她覺得最關愛自己的媽媽回來，雖然家中有很多人在照顧她，但對孩子來說，最讓她安心的人還是媽媽。十個月的時間在媽媽的肚子裡，靠著和媽媽連接的臍帶來供給養分，配合著媽媽的心跳來呼吸，小嬰兒在媽媽的懷中，聽著媽媽的心跳就能安心入睡。孩子和媽媽共度的時間是多麼幸福，但我卻忽視這麼重要的事，和還不會說話，因等待媽媽而不安、生氣的女兒，錯過許多相處的時間。

下班回來之後，孩子跑來找我時，我應該要緊緊抱著孩子說：

「今天玩得很開心嗎？媽媽去學校認真的教哥哥姐姐們，我的女兒都在玩什麼呢？謝謝妳，媽媽不在也能好好自己玩。」給予孩子肯定與尊重，並表達媽媽的愛。

可是我因為學校的工作已經累癱了，一想到家裡還有事要處理，就有又要上另一個班的感覺，心裡充滿疲憊。所以當孩子一過來，我對她說的是：「去跟奶奶玩、去找爺爺玩、去跟哥哥玩……」孩子該有多失望啊！

吃完晚餐，收拾整理好，身體已經重如千斤，可是孩子卻不乖乖睡覺，背著孩子在陽台上走來走去，勉強哄著入睡，把世界各國的搖籃曲都唱完一輪後，孩子終於稍微有了睡意。可是只要將孩子放回床上，碰到床的瞬間，孩子的眼睛又睜了開來。

孩子為什麼不睡覺呢？還不會說話的孩子，似乎看著媽媽的眼睛說：「媽媽跟我玩，我等媽媽一整天了，我想跟媽媽玩。」傳送這樣無聲的吶喊。

可是我卻忽視孩子這樣的想法，充滿了不耐煩，「你為什麼就是不睡覺？為什麼不睡眼睛又睜開了？媽媽快累死了，真的快瘋了。」

女兒的內心當然不可能平靜，我想起當時的自己，對孩子只有無盡的抱歉。如果可以，我不惜付出任何代價，只希望時光能夠重來。

期盼各位父母不要錯過子女需要你的時期，現在幼兒園都能讓孩子待到很晚，就算讀了小學也有課後照顧班、安親班能安置孩子。這固然能減輕父母的壓力，但如同我前面所說的，我認為孩子十歲以前，最好讓媽媽親自帶，如果有困難的話，至少要帶到三歲，我強烈建議國家該有這樣的制度。

在不得已的情況下，如果媽媽必須放下三歲以前的孩子去上班的話，該怎麼辦呢？不管孩子有多小，請這樣對他說：

「媽媽從〇點開始要去上班，做這樣那樣的工作，媽媽去上班的時候，你要跟爺爺還有奶奶玩，媽媽不在也可以乖乖玩吧？」

請好好對孩子這麼說，讓孩子放心。

青春期的腦正在施工中

如果能懂青少年的腦，對於理解青少年會有很大的幫助。這裡的青少年時期，我所指的約是小學四年級開始到高中三年級。

前面提到小學三年級之前的腦是「雖然比較小但是幾乎完整的漂亮房子」，不過四年級之後，那小小的腦開始難以處理大量的資訊，需要開始擴展，「重塑」（remodeling）的施工便開始了，也就是說青少年時期是無數的神經元（neuron）、突觸（synapse）與神經網路萌芽的時期，此時大腦會經歷一個先大量生產，再選擇性消除的連續過程。常用的連接會被強化，少用的會被消除，大腦會按照環境需要自行自我重塑。

青少年時期嘗試各方面的經驗非常重要，大腦會因為經驗和學習不斷重塑，因此讓學生在有興趣的領域中獲取多方面的經驗，便可讓大腦神經元網路越廣連結得更密集。

另一方面是即使在三歲之額葉發育不良，仍可透過青少年時期的良好經驗來活化額葉，因此青少年時期腦部的發育也很重要。

青春期哺乳類腦（邊緣系統）會變得活躍，使得感受變得敏銳，對於食慾與性慾的要求變多。有「幸福荷爾蒙」之稱的血清素，會在額葉活躍時分泌，由於青春期為額葉的施工時期，血清素的分泌會比成年人少百分之四十左右，因此青春期的孩子會有感情起伏較大、睡眠不均衡、憂鬱感、煩躁、敵對感等特徵。

這個時期的孩子本來就容易感到疲倦，因為腦正處於「施工中」，中學、高中時期，假使問孩子「你要吃飯，還是睡覺？」答案通常都會是「睡覺」，由於腦施工的疲勞感再加上從學校、補習班、家庭加諸而來的無數課業，如果要恢復疲勞的話，一天平均需要九小時以上的睡眠。

青春期的腦部發育必須要有充分的睡眠，但許多孩子卻沒有充足的睡眠時間，睡眠不足會引發憂鬱症、煩躁、記憶力減退等狀況。雖然父母花了大錢送孩子上補習班和家教，但孩子卻因為睡眠不足而無法達到同等的成果。

青春期學生如果因為學習晚睡，平均凌晨三點入睡，白天至少要睡到十二點才行。

但孩子上學的時間卻很早，由於現代社會是以成人為中心，所以青少年們只能配合成人的生理時鐘，也因此青春期學生就算過著正常生活，也總是處於疲倦狀態。

平常要去學校，下課後還得去補習班，無法睡飽，至少在週末和假日要讓他們好好休息。可是孩子因為補習的緣故，連週末都無法好好休息。

大部分青春期孩子的房間都是亂七八糟的，女兒休學後待在房間裡打電動時，房間髒亂的程度簡直難以形容，地板上全是散落的物品，要走進去的話，得把東西推開。

「哪有人的房間是這樣亂七八糟的？在這樣的房間裡睡得著、吃得下嗎？」

「哪有髒？明明就沒什麼，幹麼老是這樣說？妳不想看就出去，叫妳出去啦！」女兒邊大聲說著，邊把推我出去。我覺得女兒的眼睛應該有毛病，如果有客人來到家裡，我最先做的事就把女兒的房門鎖上。

直到我了解崔星愛博士所說的腦部相關知識後，才理解女兒的房間為何會這樣。青春期學生的房間反映著腦部的狀況，當孩子承受著大量壓力，內心和腦部狀態混亂的話，房間也會亂七八糟，由於本身的腦部狀態混亂，自然就看不到房間的雜亂。在垃圾堆中生活的人，因為熟悉那樣的環境，不會覺得骯髒或混亂，而且不管垃圾多一點或少一點，看起來也都一樣。知道這個道理後，我就不再責罵女兒房間為何這麼亂了。

我默默等待著，某天原本在地板上滾來滾去的筆筒和原子筆，被拿到了書桌上。之前我一直想要稱讚她，卻苦於沒有能稱讚的事，想說這次機會來了。我對她說：

「天啊，筆筒和原子筆拿到桌上之後，房間看起來乾淨一點了。」

「嗯，它們說想要到書桌上，所以我就撿起來了。」女兒爽快的回答。

「是嗎？希望下次那些衣服能說想要到衣架上就好了。」我心平氣和的說著。

「可能沒過幾天它們也會這麼說吧？」女兒回答。

之後，我就看不到雜亂的房間了。最近如果我發現女兒的房間變亂的話，會問她：

「妳最近是不是有什麼煩心的事呢？腦子裡亂亂的嗎？」

「該怎麼說呢？最近很多事情我都覺得壓力很大……。」女兒會開始和我對話。

如果能理解青春期孩子的腦部特徵，就能更理解孩子，彼此不會起衝突且有智慧的應對。面對青少年時期的孩子時，請謹記以下六點：

第一，進行對話時，焦點要放在情緒而不是行動。青少年時期由於是情緒的腦也就是哺乳類腦的成長時期，先讀懂孩子的情緒很重要。

第二，孩子非常討厭以管理者或監督者的身分給予命令、忠告，因此對話最好改以教練的角色來進行。

第三，應該要提供青春期的孩子體驗各種經驗的機會，藉由新的經驗，讓腦細胞建立新的神經通路，讓頭腦更靈活。即便失誤，也能從失誤中學習，要幫助孩子不害怕犯錯並且支持其行動。此外，透過親自動手做的體驗學習也非常有效，應該要多提供這樣的機會，透過多樣的經驗來發現孩子的特質。

第四，孩子正處於敏感時期，應該保護其避免受到精神上的衝擊與傷害。

第五，孩子對新的經驗有強烈好奇心，因此需要準備並提供場所，讓孩子能獲得健全的經驗以及充分玩樂。

第六，要讓孩子做什麼時，一次說只一件事。「快點吃飯、寫作業、看書、寫習題、書包也整理好」說這樣的話，只會讓孩子生氣煩躁。要讓孩子做的事，一次只說一件，或是列出兩項讓孩子自行做選擇。如：「你要先寫作業，還是看書呢？」而且讓他們自己做決定，經常讓孩子練習選擇，對於青春期孩子的額葉發展很有幫助。

6 教練型的父母如何對話

所謂的情緒教練式輔導

並非解決問題的技術，

而是形成正向積極且值得信賴的人際關係技巧。

教練式輔導對話程序

教練式輔導對話至少要進行三十分鐘以上，可是這三十分鐘所做的並不是日常的閒聊，而是透過對話，幫助孩子思考「為了能讓自己變得更好，該解決什麼問題？如何解決？變成那樣之後具有怎樣的意義？」等。

另外，還能藉此探索達成目標的自己是怎麼樣的人？具有怎樣的優點？能幫助孩子發揮更好的潛力。一般來說，到高級餐廳點套餐料理時，服務生會照一定的順序上菜，讓客人依照次序來吃，這是廚師或料理專家，構思顧客依哪種順序來吃，會更感到美味，並且兼顧營養以及是否容易消化等各種考量後才制訂的。

教練式輔導對話程序也是一樣，專家們在進行對話之後發現，經過某種程序再進行的對話，效果更佳因而制定。依照這個對話模式來練習的話，無論和誰對話，都能成為教練型對話。這個和考駕照非常類似，學開車時，先學習簡單的理論後，再學轉方向盤、踩油門和剎車的方法，接著再學習T型路口、S型彎道。一開始由於什麼都不會，就照教練的指示來做，「請往右轉兩圈，往左轉一圈，踩油門再來是剎車。」照著這些話做，彎曲的S型彎道也能順利走完，車也能順利停進格子裡，然後就能生疏的開著車、考到駕照，多加練習後，就可以上路了。

教練式輔導對話也是一樣，一開始對於「教練式輔導對話程序」有何意義、為何要這麼做，也會感到懷疑而且無法理解，此外說著不熟悉的話，也令人感到負擔，然而只要跟著程序來做，不知不覺間就能達成對話。教練式輔導對話程序有多種模式，其中在全世界最被廣泛使用的就是「GROW model」，這個模式是美國最大的全球教練養成專業機構CCU（Corporate Coach University）改良後的「教練式輔導對話模式」，韓國教

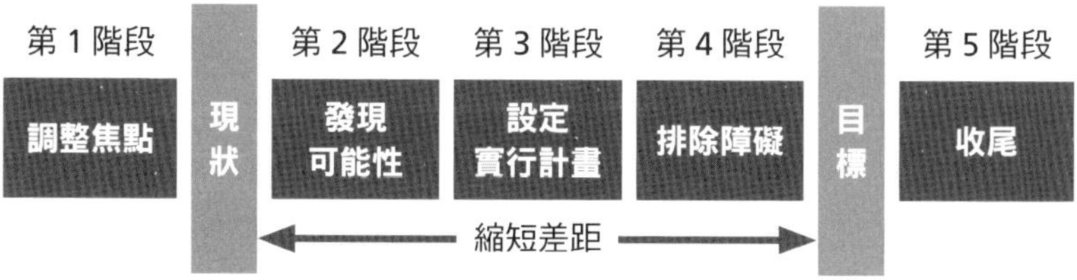

教練式輔導對話模式

練式輔導中心，便以下列五個階段來作為對話的程序。

在每個人的心裡，都有想要實現的目標，可是現況與目標之間還存有很大的距離，而且距離越大，矛盾也會越大。上述的「教練式輔導對話模式」，目的就是為了縮小目標與現狀的距離。每個階段主要的內容整理成表格如下：

教練式輔導對話模式的主要內容

階段	主要內容	細部內容	備註
1	**調整焦點**	・成為能夠對話的融洽關係（相互信賴關係） ・訂定對話主題 ・釐清現況與目標間的差異	營造打開心房的氛圍
2	**發現可能性（方法）**	・透過提問發現可能性 ・找尋各種方法 ・總結討論可執行的方法	思考所有可能的方法
3	**設定實行計畫（計畫）**	・非抽象目標而是制定具體可行的目標 ・制定確切的時間、方法	提出具體的數字

4	排除障礙（排除問題）	·掌握潛在的困難與障礙 ·找出身邊能提供協助的人或方法	尋求周邊人物協助
5	收尾（摘要）	·已了解的事項加以整理 ·約定好下次對話前該做的事	確認要做的事

不同階段的提問內容

階段	主要內容	提問內容
1	調整焦點	·今天要談論什麼話題？ ·怎麼做會比較好？ ·如果要達成目標的話，能夠做些什麼？
2	發現可能性	·目前為止做過什麼，結果如何？ ·如果都可行的話，會嘗試做什麼？ ·還能再嘗試做些什麼？

3	**設定實行計畫**	・從什麼地方開始實行比較好？ ・要設立什麼樣的中間目標？ ・如何知道是否順利進行？
4	**排除障礙**	・進行的時候有困難的地方嗎？ ・該如何克服？ ・可以找誰尋求幫助？
5	**收尾**	・試著整理看看決定要做些什麼？ ・今天的對話中有意義的點為何？ ・何時再見面進行檢討？

接著是讓教練式輔導對話更容易進行的五個階段內容整理，剛開始依照以下的提問程序來進行，並反覆加以練習的話，能更熟悉對話的提問內容和程序，未來就能自然的進行教練式輔導對話。

教練式輔導對話提問程序

・今天要談論什麼話題？
・為何想要談這個話題？
・你認為怎麼樣會比較好？
・變成那樣的話，有什麼好處？
・為了實現你想要的，可以嘗試做什麼好呢？
・從何時開始、該如何實行？
・實行時會有什麼困難？
・該如何克服困難？
・今天談了什麼話題，來整理一下吧？
・談論之後有什麼想法？

填補「百分之二」的情緒教練式輔導

我在學習教練式輔導的同時，和孩子的關係也有顯著的好轉，過去將媽媽視為仇人的孩子，終於開始和我對話。然而在對話時，仍有某些地方總覺得鬱悶，好像有百分之二不足的感覺，剛好此時我聽了崔星愛博士的「情緒教練式輔導」演講。

在演講中我認識了「三種對話類型」，使我鬱悶的內心突然有「原來就是這個啊！」那樣豁然開朗的感覺。

雖然過去做了很多努力，和孩子的關係依然無法改善到讓我滿意的程度，其中的原因就是我說的「成為仇人的對話」。不管教練式輔導再怎麼好，再怎麼想讓孩子進行教練式輔導，但孩子沒有打開內心接受的話，就一點用處都沒有。像這樣當孩子關上心房，或是生氣需要安定時，就很適合採用情緒教練式輔導。

我在前面提過，人類在感受到壓力或生氣時，心跳會變快，血液大量流往爬蟲類腦，大家還記得嗎？那麼接下來該怎麼做才能讓孩子平靜下來呢？

讓對方平靜下來最簡單的方法，第一就是不要再刺激生氣的人，讓他靜靜待著，心臟再怎麼急速跳動，只要過三十分鐘左右，就會回到原本的節奏，因此，就算非常生氣，只要過三十分鐘之後，大部分的人都會後悔，「早知道就忍一下了，沒事幹麼生氣大吼，啊，好丟臉！」

父母在責罵小孩時也一樣，過了三十分鐘後，就會覺得孩子好可憐，對於責罵感到抱歉，「你知道媽媽不是討厭你才這麼做的吧？」我們會這麼說也是因為冷靜了下來，才能做出理性的判斷。

第二個方式為冥想。最近很多人去學習冥想，為何要冥想呢？冥想是讓心跳平靜的練習，無論發生什麼心煩的事，心臟都不會輕易加速跳動，並維持原本的節奏，也是阻止爬蟲類腦過於活躍的訓練。

為了學會冥想，有些人甚至會花上大筆的費用，不過對我來說最好的冥想是「感謝冥想」。當我帶著感謝的念頭時，心裡會變得平靜，心臟就能正常跳動。早上起床後，暫時閉上眼睛，想著值得感謝的事；抱抱孩子時，也請傳達感謝的話；睡前也試著回想今天想感謝的人，這是梳理情緒很好的方法。因此，崔星愛博士認為寫「感謝日記」非常重要，並鼓勵大家這麼做。

第三個方法是刺激情緒的腦，要撫平憤怒的情緒，至少需要三十分鐘的時間，試想一下，當對話的對象生氣時，如果這麼對他說：

「你現在是爬蟲類的狀態，不是精神正常的狀態，三十分鐘過後我們再談。」

我想情況應該會變得更糟吧？還有要等三十分鐘也不容易，那麼要如何縮短時間呢？心理學者和腦科學家便針對此種狀況進行研究。他們觀察人的腦部構造，如果要從爬蟲類腦到靈長類腦，一定會經過哺乳類腦，也就是情緒的腦，因此學者們猜測，「要是能刺激情緒的腦的話，血液就會快速回流了吧？」但是將腦打開直接刺激的話，那個人是會死的，因此，可以使用「語言」這個工具來刺激腦部。

「你一定很傷心吧」、「你的表情感覺很生氣，看起來很悲傷」。用這種帶有感情的話來刺激情緒的腦，很神奇的，透過這些話，血液流往額葉的時間就會縮短成十到十五分鐘了，這就是「情緒教練式輔導」。因此，情緒教練式輔導是以腦科學為依據所完成的科學教練式輔導。崔星愛博士將情緒教練式輔導定義如下：

「接納人的情緒或願望（希望事項）並輔導其行動，
帶領至值得期待的方向，
用以傳達人與人之間心意的愛的技術（關係的技術）。」

我們往往會先看孩子的行動，而不是觀察他們的情緒，因此會忽視孩子的情緒，試圖修正他們的行為。但這是錯誤的，因為這麼一來孩子就會展現更激烈的情緒，而父母則又以更加激烈的話來訓斥變激動的孩子，形成惡性循環。

首位研究情緒教練式輔導的是海姆・吉諾特（Haim G. Ginott）博士。吉諾特博士出生於以色列，是一名相當關心孩子的老師，在他發現多數學生不懂得照自己內心所想去行動時，便辭去老師的工作，前往哥倫比亞大學攻讀兒童心理學。吉諾特博士在成為諮商治療師後，透過無數的研究與臨床實驗，發現雖然要矯正孩子的行為並不容易，但只要能接受孩子的情緒，他們的行為就能有效的修正。這是一個相當驚人的發現。

因此，吉諾特博士主張：

「要先理解孩子的情緒而不是行動，接受情緒後才限制行動。別忽視孩子的心情（情緒），不要把行動視為問題而指責孩子的人格。」

吉諾特博士著作有《父母怎樣跟孩子說話》（*Between Parent and Child*，1965）、《父母怎樣管教青少年》（*Between Parent and Teenager*，1967）、《老師怎樣跟學生說話》（*Teacher and Child*，1972）。這三本著作可謂是所有教育學的聖經，在理解孩子心理方面是很重要的書籍。

這些書出版時曾有段趣聞，吉諾特博士完成稿子後，物色了適合的出版社並交出提案，但卻被出版社拒絕了。這時有人介紹另一家出版社的主管給他，他懇切的拜託，並將稿件交給對方，希望對方能出版。可是那位主管卻把整疊的稿子放在家裡，瞧都不瞧一眼。沒想到某天主管的夫人在清掃家裡時，看到了整疊的稿件，發現內容非常好，便建議先生出版，因而作品才得以問世。

這三本著作在全世界共翻譯成三十種語言，在五十多年間是深受好評的「子女教育指南」。只是這些書我只要讀了三頁左右，就會開始發睏。初次接觸吉諾特博士的作品是在我家孩子讀幼稚園的時候，當時的我是個充滿狂熱的媽媽，幼稚園裡不管是什麼活動，都會硬擠出時間搶先參加、協助，不曉得是否因為如此，老大幼稚園畢業時，我不但領到感謝狀還有班導師送的《父母怎樣跟孩子說話》一書當作禮物。

當時我對於這本書並沒有太大的興趣，讀了幾頁覺得沒什麼意思，再加上誤以為自己是世界上最會教養孩子的人，不太能感受到那本書的必要性，而且又忙便把書放回書架上，然後完全忘記它的存在。

然而在孩子休學後，開始學習成為教練父母時，我才明白這本書有多珍貴，才理解到孩子的幼稚園老師當時送我這本書的原因。或許老師看我當時的樣子，能預想到我和孩子未來會經歷困難的事吧！老師對我說：「這是您一定會需要的好書，讀了之後對於教養兩個孩子會很有幫助。」過了許久之後我才明白老師的話。

夫妻離婚的理由

《父母怎樣跟孩子說話》於一九六五年出版後，吉諾特博士的太太愛麗絲．吉諾特（Alice Ginott）與華萊士．戈達德（H. Wallace Goddard）博士於二〇〇三年增訂內文並重新發行，增補版中除了維持原書的父母教育架構，亦特別補充父母與子女的對話法，更詳細探討了在對話中，父母與子女之間的心理與情感交流。此後，約翰．高特曼博士便透過此書理解到情緒教練式輔導的重要性，經過研究實驗並加以系統化，此書的價值又更加提升。

將情緒教練式輔導系統化的高特曼博士，是個怎麼樣的人呢？高特曼博士小時候曾遭受嚴重的排擠，後來又經歷了離婚的悲痛，無法輕易找到再婚對象的他，認識了同所大學中類似處境的數學老師，兩人經常共進晚餐並互相打氣，還意氣相投的對幾項研究產生共同興趣。不曉得是不是兩位學者都經歷過離婚的痛苦，對婚姻有所遺憾，因此他們便開始關注「什麼樣的夫妻能幸福美滿？什麼樣的夫妻則會分道揚鑣？」這樣婚姻問題的研究。人們對於自身所遭遇過的痛苦總是會投入較多的關注，我也是對兩個子女帶有遺憾，才對子女教育越來越有興趣。

高特曼博士在五十年間研究了將近三千對的夫妻，他在每對夫妻的家裡設置了錄影裝置，錄下他們的生活，加以分析，並發表了「結婚也是一種科學」這樣的結果。在研究夫妻的這五十年過程中，自然而然的也研究起他們的子女，並指出父母的角色光只有愛是不夠的。

高特曼博士特別關注夫妻吵架的研究，因此將夫妻吵架依內容、語調、聲音、眼神、姿勢、表情、血壓、脈搏等各方面一一加以觀察分析。人雖然是因為相愛才結婚，但最終走向離婚的也不少，假使詢問夫妻離婚的理由，大部分都會提到「個性差異、經濟問題、與婆家或娘家的衝突、配偶外遇、暴力、酒、賭博」等問題，那麼各位會因為什麼問題，無法和配偶一起生活呢？個性？外遇？還是暴力？

高特曼博士表示，這些理由都不是造成夫妻離異的決定性因素。讓夫妻兩人決定離婚的不是吵架的「內容」，而是吵架的「方式」（對話的方式），博士將對話的類型分成三種：**「成為仇人的對話」**、**「漸行漸遠的對話」**、**「拉近彼此的對話」**。

進行上述的婚姻研究後，高特曼博士再婚了嗎？他和女友兩人都經歷過離婚的傷痛，如果再一次會成功嗎？高特曼博士再婚了，並且和太太兩人過著十分幸福的日子。他將所研究的高特曼式夫妻治療方法系統化，培育了無數的夫妻治療師，成為挽回家庭的先鋒。

韓國的崔星愛博士在美國留學時，曾向約翰・高特曼博士學習情緒教練式輔導與家族治療，理解到「情緒教練式輔導」的重要性。她取得了亞洲首位高特曼博士夫妻治療的資格後，再結合腦科學與心臟科學，將情緒教練式輔導教育系統化，最後創立韓國情緒教練式輔導協會，將情緒教練式輔導介紹並傳播至各個國家。

對話的三種類型一

激起復仇心成為仇人的對話

高特曼博士所研究的三種對話類型，給了我很大的衝擊與啟發，我在孩子小時候對他們說的話，全部都是「成為仇人的對話」。認識了教練式輔導後，雖然學會了給予孩子肯定、尊重、支持與稱讚，但假使又生氣的話，衝出口的還是「成為仇人的對話」。

從小就聽著「成為仇人的對話」長大的孩子，會怎麼想呢？應該會想要報復吧！內心會不知不覺產生，總有一天要報復的可怕想法。這世界上哪有希望被自己孩子怨恨的父母？不管有沒有錢，都要讓孩子吃好、穿好、去好的地方、受好的教育，犧牲自己想要的，努力工作栽培孩子，然而面對這樣拉拔長大的子女，卻無法得到好的回報。

富川大學全聲洙教授從以色列引進哈柏露塔（Havruta）教育，他在《被報復的父母》一書中提到，像我這樣被子女報復的父母屢見不鮮，孩子們覺得報復就是「怎麼做才能讓父母最生氣、最心痛」。我家孩子對我報復的方法就是「不去學校」，媽媽認為最重要的就是學校，因此他們得到了一個結論——休學會讓媽媽最難受。

孩子報復的方法非常多樣，有的孩子會在學校打其他同學，有的孩子會離家出走，也有的孩子即便住在家裡，也不和父母對話、閃躲父母的眼光、惹父母生氣，或是在不知不覺中犯了罪，讓父母難受。父母無心說出的「成為仇人的話語」，對親子關係卻帶有可怕的殺傷力。希望各位記得，不管怎麼努力成為教練型父母，「成為仇人的話語」脫口而出的瞬間，過去所做的努力都會功虧一簣。

那麼什麼是「成為仇人的話語」呢？在對話過程中，馬上反駁或是嘲笑對象說的話，讓聽的人壓力變大，覺得被看低、悲傷、憤怒等，使得關係惡化並產生負面情緒，這就是所謂「成為仇人的話語」。這樣的話可分為四種「指責、防禦、鄙視、劃清界線」，高特曼博士認為這四種話是破壞家庭的毒藥，這樣的話語會造成夫妻關係惡化，甚至離婚。

接著舉一些具體的話，來讓大家了解「成為仇人的話語」有哪四種。

指責的話

- 你這孩子究竟是怎麼搞的！
- 你到底會什麼？
- 事情怎麼會做成這樣？
- 到底在搞什麼現在才來？
- 你是怎麼做事的？
- 所有加上「每天、什麼時候、每次、千萬、絕對、老是、怎樣」的話

這些話語傳達出一種對方在人格、性格上有問題的指責，而且女性比男性更常說這種話。不過女性會無緣無故指責對方嗎？當然不是。由於丈夫長久以來漠不關心、我行我素，使得太太開始指責，然後指責又再次招來冷淡與拒絕溝通，便形成持續的惡性循環。看了前面的內容，大家有什麼想法呢？不曉得有沒有各位常說的話呢？

我好像不這樣說話，就無法開口，早上一起來，就對兩個孩子這麼說：

「你們究竟為什麼會這麼晚起？媽媽是怎麼說的？我實在不懂，為何每天要那麼晚睡，早上老是爬不起來，又要不吃早餐就走了嗎？」

沒幾個字的句子中，滿是成為仇人的指責話語。

到了晚上，我又對丈夫說：

「你到底在搞什麼每天都那麼晚？為什麼一直以來都這麼晚回家？要見到你還真難，孩子的樣子你都忘了吧？只有你一個人在賺錢嗎？」

孩子和丈夫聽到我說這些指責話語，會怎麼想呢？現在回想起來，我說了無數這種不經思考就傷害對方的話。

這種指責的話有什麼解藥呢？方法就是將音調降低，並養成柔和沉穩的說話習慣，說話時闡述客觀的情況、表達自己的情感，肯定並具體的說出自己想要的事項即可。舉例來說，前述指責的話可以這麼修正：

「〇〇，媽媽希望〇〇早上能早點起來，這樣就能吃媽媽做的美味早餐了，要不要現在就起床啊？」

「老公，我希望你最晚八點以前能回來，這樣就能和孩子一起吃飯，一家人就有好好聊天的時間了。」

像這樣肯定並具體的說出自己想要的事。

希望各位以後都好好運用，改變那些脫口而出的指責。

防禦的話

・那麼你會什麼？
・我也一樣啊！
・為什麼都怪到我身上。
・明明○○更不對，為什麼只對我這樣？
・都怪你吧，怪我囉？

聽到指責的話，大部分的人都會覺得受到攻擊，很自然的會開始主張自己的清白或無辜，為了在指責的對話中保護自己，於是馬上展開防禦，不想只有自己受害，因此把別人也一起拉下水。這樣的指責會惡化對方的情緒，讓對話變得更粗魯，隨之而來的防禦式爭吵，就算吵到厭煩也不會有結論。

媽媽如果責罵孩子：「你們為什麼要這樣大聲吵鬧？」孩子會說：「媽媽也大聲吼叫啊，媽媽每天都這樣。」媽媽再說：「媽媽什麼時候那樣了？因為你們大吵大鬧，我才會大吼，誰沒事會大呼小叫啊？我也想要優雅有氣質，所以你們要聽話不是嗎？」

這就是互相推卸責任「防禦的話」的代表性例子。

那麼防禦的話有什麼解藥呢？要表示自己沒有做、不是自己的問題時，不要急躁，用真誠的方式來說。承認自己要負起部份的責任，使用「最近、這一次、這個星期、今天」的用語，開啟彼此的對話。

那麼，試著用解藥來改變一下媽媽的防禦式對話吧？

「是啊，媽媽這個星期好像真的比較常大吼，今天更是如此。媽媽最近感覺情緒變得比較敏感，希望你們能幫忙媽媽，讓媽媽不要再這樣了。」

這麼說的話，氣氛就會比較緩和了吧？

鄙視的話

- 你看看自己的身分吧！
- 唉唷，你這隻豬啊！
- 這笨蛋，你死腦筋。
- 嘖，白痴喔。
- 你這張臉化了妝有什麼差別？
- 這腿適合穿短裙嗎？
- 一點用處都沒有的傢伙。
- 你真的是無可救藥！
- 你這個樣子以後想要做什麼？
- 你總要會點什麼吧？
- 你像誰才會每天這德性？
- 你做事都這個樣！

・連自己都養不活嗎？
・我真的快被你搞瘋了。
・連你弟／妹（○○）都比不上嗎？
・媽媽朋友的兒子什麼都很優秀。
・到底為什麼這樣？太不像話了，丟臉。

看似無心但帶有這種想法的人，常會不自覺的脫口而出鄙視的話，甚至會說自己是在開玩笑、鬧著玩的。但是，這種鄙視的話是建立在感覺自己比對方優越，說話者在知識、道德和人格上具有優越感，才會這麼說，有時也會用來表現敵意。

無論是東方人還是西方人，鄙視的表情都是一邊的嘴角上揚，常說鄙視話語的人也會習慣先看對方的缺點，而不是優點。根據高特曼的研究，常說或常聽鄙視話語的人，生病的機率比一般人多出四十倍，鄙視也是最有可能造成離婚的原因。

在校園中，如果被同學叫了自己不喜歡的綽號，有些孩子會出現激烈的反應。而替人取綽號的孩子會認為「我只是開玩笑的，幹麼這樣」，一副沒什麼大不了的樣子，一點都不覺得自己有錯。

可是，刻意叫對方不喜歡的綽號，會讓他人覺得受到鄙視，對於人與人之間的感情傷害很大。看到孩子胖嘟嘟的，覺得很可愛就叫人家「小豬」，纖瘦的就叫「竹竿」。就算是父母對子女，或是夫妻之間，如果會讓對方心裡產生疙瘩，感覺受到鄙視的話，還是不要說比較好。

鄙視的話語有什麼解藥呢？最重要的還是每天反覆表達「肯定、支持、稱讚與尊重（體諒、感謝）」，像「刷牙」一樣養成習慣。如果想要維持良好的關係，不小心說了一次負面的話，得說五次正面的話補償回來。而關係的高手在對話裡，正面的話與負面的話的比例是二十比一。我們來看看，將鄙視的話改成這樣說感覺如何？

- 你真的好可愛。
- 只要看到你就很踏實了！
- 我相信你。
- 你一定可以的。

・能夠跟你一起真的很幸福。

・謝謝你生來當媽媽的兒子（女兒）。

劃清界線的話

・是啊，就讓你一個人說就好啦！

・哎呀，好好做吧！

・真是噁心令人厭煩。

・我也很累。

・眼不見為淨。

・呼，不膩嗎？到此為止吧！

・逃跑才是上策。

所謂劃清界線是即使和對方共處一室，也會迴避反應，即是不會表現出在聽對方說話的樣子，避開視線或是看別的地方，置身事外，會這麼做的主要以男性居多。

我丈夫的個性內向話特別少，對話時經常劃清界線，當我說著指責、防禦、鄙視等成為仇人的話時，他則是緊閉著嘴巴默默不語，這樣的丈夫實在太讓人鬱悶了。我總會對他說：

「拜託你說說話，哎呀，真的是氣死人了，不曉得你到底在想些什麼，為什麼不說話，跟你這種人一起生活真的好累。」接著丈夫會說：「聰明的妳會被我的話說服嗎？不管我說什麼，妳都自有打算，我無話可說。真的說了妳又要挑我語病找麻煩，跟妳這種人生活我也很累。」然後又閉上嘴巴。

如果我還繼續催促他的話，丈夫會大發雷霆跑出去，砰的一聲關上大門。「問題解決才能走啊！為什麼要出去，出去就能解決嗎？」我朝著他的背影發火，但丈夫連一句話都不回便消失了。

如果我仍窮追猛打的生氣打電話給他，電話不但不接還會直接關機，丈夫用防禦和劃清界線來對付我的指責與鄙視，男性不說話時，其實是在做無聲的抗議，「你到此為止吧！拜託到此為止，你再這樣的話，我可能就不做家事了，然後把東西全部都砸爛，拜託到此為止，求你了。」

當男性不說話劃清界線時，如果能稍微體諒一下，就能阻擋不必要的衝突。

劃清界線有什麼解藥呢？不要試圖在當下解決問題，讓彼此冷靜後再重啟對話。從爭吵到和解的時間最好不要超過一天，對於健康和關係恢復才有幫助。此外「冥想、深呼吸、走路、聽音樂、祈禱」等，也能幫助自己冷靜下來。尤其是「走路」不但能讓心情平靜，對健康也很有益。孩子常走路的話，有助於肌肉發展。現代的父母會因為孩子的活動太多，上下學都用開車來接送，使得孩子連走路的機會都消失了，這麼做反而讓孩子在心理上、生理上都帶來不好的影響，有機會的話，請陪孩子多多走路。

對話的三種類型二

破壞關係漸行漸遠的對話

「漸行漸遠的對話」雖然不比「成為仇人的對話」傷感情，但聽了還是會難受，讓人感到氣氛尷尬，只能突然改變話題或是說著不著邊際的話，不直接回應對方。聽到這樣的話，會有被輕視的感覺，並且與對方產生疏離，此外，也會加深負面的情緒。

孩子從學校回來，正說著有趣的事：

「媽媽，今天在學校的時候，我同學說了一件很好笑的事。」

可是媽媽連瞧都不瞧一眼就說：「喂，別再廢話了，快點吃飯然後去補習班」或「你今天考試吧？考卷呢？」等這樣的話。

我對丈夫也是。下班之後，難得說起職場發生的事，因為員工誰誰誰沒有做好份內的工作，覺得很難過。但我就像沒聽到一樣，只對他說：

「快吃飯吧！快點吃完洗好碗整理一下，我好累。」

孩子和丈夫聽了這樣的話，心情會怎樣呢？對於毫不關心自己的媽媽，會有好的感受嗎？就算太太準備了山珍海味，丈夫也不會覺得感激，回家成了一件不開心的事。

高特曼博士曾這麼說過：

「不要花費心力做美味的點心給孩子，請好好看著回家的孩子；不要花費心力做好吃的小菜給丈夫，請好好看著下班回來的丈夫。」

他們期待的是能夠好好看著他們、並聽他們說話的父母和另一半。

我認識的一位學姐以第一名的成績畢業於教育大學，擔任教職已有很長的時間，在各方面都相當優秀，而她的丈夫只畢業於一般地方大學的冷門科系。儘管如此，只要丈夫一下班回來，學姐每天都會和子女跑到大門迎接，如同分離十年後再次重逢的家人。

和太太相比丈夫並不出色，但有智慧的太太總是將丈夫捧得很高，多虧如此，丈夫在國營企業中得以展現優秀的工作能力，退休後發揮所長更成為知名的專業人士。她的故事，讓我明白受到尊重與肯定有多麼重要。

對話的三種類型三

感受幸福拉近彼此的對話

「拉近彼此的對話」就如同字面上的意思一樣，是能縮短雙方內心距離的對話。當對方在說某件事時，給予眼神交流，表示關心與同感，以友善的態度來體諒對方並真心的傾聽。

任何人來向我搭話，都代表著對方希望與我有積極的連結，以肯定的態度接受這個機會，進行「拉近彼此的對話」就能累積心裡的情感存摺。

下面的語句都是「拉近彼此的對話」。能表現關心或熱情的話，如：「那件事後來怎麼樣了，可以再多說一點嗎」、「哇！真的是很了不起的工作！我們一起加油吧」等；能表現認同感的話，如：「你一定很傷心吧」、「我如果是你的話，應該也會很害怕」、「你看起來很煩躁（生氣）」等；或能表現傾聽與接受的對話如：「那個人真的很壞，怎麼可以這樣」、「啊，原來如此」、「一定很辛苦吧」等。想要說出拉近彼此的對話時，應該要關心的是，孩子的情緒而非行動，然後盡量談論客觀的情況，而不是孩子的人格。想給予忠告或提議時，先聽聽看孩子怎麼說，然後當你要提出建議時，請先這麼說：

「我聽了你說的之後，有一個很好的想法，可以告訴你嗎？」

一定要先獲得孩子的許可，要等孩子做好聽那些話的心理準備時，再說出來才會有效果。

打開孩子心房的情緒教練式輔導五階段

當你了解了高特曼博士提到的「成為仇人的對話」、「漸行漸遠的對話」、「拉近彼此的對話」三種對話型式之後，和孩子進行情感溝通與交流時，就能開啟孩子的內心，與父母建立良好的關係。想要讀懂孩子內心的情緒教練式輔導會經歷以下五個階段。

階段一 讀懂孩子的情緒

情緒教練式輔導最重要的就是讀懂孩子的情緒。因此情緒教練式輔導的第一階段就是仔細解讀孩子表現的情緒。

然而要讀懂孩子情緒並不容易，特別是如果孩子不願表露情緒的話，大人們很容易就會錯過。有時若是錯過了一定要讀懂的重要情緒，就算並非出自本意，但仍會給孩子留下很大的傷害。不過，要讀懂孩子所有的情緒是不可能的，但是至少在孩子懇切的希望有人理解他的情緒時，必須要努力不去忽略它。

語言表達能力還不足的孩子，他們的情緒大部分都是非語言的，也就是不是透過話語，而是用整個身體來表達。因此得留心觀察孩子的行動，捕捉隱藏在行動中的情緒，因為所有的情緒都很珍貴。身為人類無關國家、語言、人種，都會有情緒，像是快樂、悲傷、生氣、驚訝、鄙視、恐懼、厭惡等七種一般的情緒，光從表情就能感受到。即使是語言無法溝通的人，也能透過表情來傳達生存的基本溝通。

難以察覺孩子的情緒時，直接問孩子也是不錯的方法，因為光憑表情也可能會錯判，反而會使情緒教練式輔導變得困難。因此若孩子年紀還小時，直接詢問孩子會比較好。詢問的時候，不要使用「現在生氣了嗎？現在很難過嗎？」等封閉式提問，而要用「現在的心情怎麼樣？」等類似的開放式問題。

階段二
將情緒化的瞬間，化為親近和教導的機會

高特曼博士指出，情緒教練式輔導最好在情緒表現的瞬間來進行，特別是表現強烈的情緒時，很適合進行情緒教練式輔導。當孩子露骨的表露情緒時，正是懇切的希望獲得幫助的時候，等同於發出求救的訊號。如果等到孩子的情緒平靜下來，錯過那個瞬間的話，孩子反而會變得更難受。孩子表現情緒的瞬間，是累積和孩子親密的關係，以及幫助他調節情緒的絕佳機會。但不需要刻意等待情緒激動時，相較之下察覺並讀懂孩子細微的情緒，給予協助不讓情緒變得更激烈，會是比較好的方法。

階段三
接受孩子的情緒，並用話語給予共鳴

無論孩子的情緒是好是壞，重要的是能不帶偏見的給予真誠的共鳴。為了準確的

理解孩子的情緒並給予共鳴，將孩子說的話用「鏡射法」複誦過後，再使用「什麼」（what）和「怎麼」（how）來對話，以代替需要理性思考的提問如「為什麼？」（why），會較有效果。因為「為什麼」的提問方式很容易聽起來像是指責，對於情緒表示同感時，無論何時都要真誠以對。

階段四

幫助孩子主動表現自己的情緒

孩子對於自己內心發生的難以理解的複雜情緒，都會想要好好處理並找回平靜，因此，將孩子感受到的情緒命名，就類似在門上安裝把手一般，什麼樣的情緒該怎麼處理，幫助孩子思考判斷，那麼以後遇到類似的情況時，孩子就會知道「啊，感受到這樣的情緒時，這麼做就行了。」之後無論遇到什麼情緒都不會慌張，並且能明智的處理。表現情緒的行為，能為神經系統帶來鎮定的效果，並有助孩子在內心難受的事件中快速恢復。不過要注意，我們是要幫助孩子找出能描述自我情緒的單字，並不是教導孩子如何感受。可讓孩子自己替情緒命名，並幫助他表達自己的情緒。

階段五

協助找出解決方法，並制訂行為界限

讀懂孩子的情緒給予共鳴，並加以命名後，接著就是解決問題的階段。情緒教練式輔導最終的目標，就是要解決孩子的情緒或問題。首先對孩子的情緒表示共鳴，接著再指點其行為，孩子才不會抗拒並能接受自己錯誤的行為，如果沒有同感就責備其錯誤行為的話，孩子不會知道自己是情緒錯誤還是行為錯誤，反而會覺得更受傷。

為了讓孩子更容易理解行為的界限，並且在各種情況中都能適用，最好制定出單純的原則。對於會危害他人的行為、傷害自己的行為，都劃分出明確的界限。不過，一味的壓抑情緒並非可取的解決問題方法，重要的是讓孩子確認自己想要什麼，唯有如此，才能找出為了完成目標該用什麼解決方法。如要確認相關的目標，就要盡量詢問孩子面臨的問題為何，以及想要完成什麼。

接下來就是和孩子一起試著找出解決問題方法的階段。此時就算大人心中有更好的解決方法，也不建議先向孩子提出，反而是透過提問讓孩子自己找出各種解決方案，這樣會更有意義。即使孩子的解決方式背離實際可行性，或並不是那麼好，還是要先認真傾聽，並將其列入解決方式的項目中。孩子想出的所有解決方案，由於無法一一嘗試，因此在最後選出何種解決方法前，就需要一一檢視並進行評估，此時更是要協助孩子讓他們自己來檢視。

「這個方法會成功嗎」、「辦得到嗎」、「你覺得這個是正確的方法嗎」

像這樣透過提問來思考解決方案成功的可能性、執行的可能性和效果等，讓孩子能有時間再次考慮解決方式。有些父母認為孩子無法做出正確且最好的選擇，總試圖要代替孩子做決定。當然父母可以提出意見，或是告訴孩子自己在類似情況時的經驗，但是最後要做出什麼決定，則是孩子的責任。孩子比大人想像中要來得聰明，孩子很清楚選擇什麼解決方法才是最好的。

情緒教練式輔導的三種實踐策略

為了做好情緒教練式輔導，以下三種策略非常重要。

策略一

正確的責備

因為自己做了該罵的事才被責罵，孩子如果也能這麼接受的話，就不會覺得受傷。問題在於責罵的方式，隨著不同的責罵方法，孩子可能會依照父母的期盼變成更好的樣子，也可能只會累積負面的情緒，使得關係惡化。就算要責罵也希望關係往更好的方向發展的話，最重要的是不要觸犯到人格或個性。

將責罵的重點放在「情況」，才能解決問題。如果牽連到孩子的人格或個性，反而會讓孩子帶有嚴重的敵意。責罵時要先談論情況，之後再依序說父母對這件事的感覺，以及父母希望的要求。孩子明確做錯時，父母可以生氣，但父母在表達完情緒後，不要對孩子指責、鄙視或嘲弄等，冷靜的從「我」的角度出發來對話，而不是「你」的角度。告訴孩子他的行動對於父母有何影響，讓孩子不帶抗拒的審視自己的行動。

策略二

進行有助益的稱讚

稱讚分成有助益的稱讚與沒有助益的稱讚，要知道錯誤的稱讚反而會危害孩子。以下是海姆·吉諾特博士的著作《父母怎樣跟孩子說話》中，所提到的稱讚方式：

第一，不要稱讚其個性或人格。

「我們〇〇怎麼這麼善良」

「你真的好優秀」

像這樣對於個性的稱讚，不會有任何幫助。

第二，稱讚孩子的努力或行動，而不是結果。

「我們○○拿第一名了，真的好棒。」

「比○○還要厲害。」

「哇，真的好會畫畫，去參加畫畫比賽的話，拿金牌一定沒問題囉！」

像這樣稱讚其結果而不是過程的方式，對孩子並沒有幫助，相較之下，達到這樣的結果後，針對孩子的努力過程或是行動給予稱讚會更好。還有建議不要拿孩子和別人相比再來稱讚，反倒是該告訴孩子做之前跟之後的差異。例如：

「這陣子忍住沒看電視，認真的念書，結果成績進步很多，我真以你為榮。」

「比上次要進步二十分了。」

「媽媽因為有客人來忙得暈頭轉向，謝謝你乖乖的跟妹妹一起玩。」

像這樣的稱讚，不僅不會讓孩子感到壓力，還能讓孩子更想要好好表現。

第三，要在適當的時機稱讚。在一般的情況下，記憶會和情緒一起被儲存在腦海中，父母能夠給孩子的就是在各種情緒狀況中，給予他們陪伴。孩子做出值得稱讚的行動時，能馬上給予稱讚的話，就能一起分享經驗與情感，如果因為不可抗拒的因素無法及時稱讚孩子，稱讚延後的時間最好不要超過一天。

第四，具體說明稱讚的理由。「真的做得很好」、「什麼都做得好」、「很優秀」這種含糊籠統或是無條件的稱讚，對於孩子來說可能不痛不癢。稱讚時，最好針對孩子做過的行動或結果，具體說出哪裡做得好。

策略三

率先道歉

父母在對話的過程中也可能情緒激動，對狀況產生誤會而責備孩子。在犯下這樣的失誤，嚴厲責罵孩子之後，發覺「我好像太過頭了」。此時，可以這樣說：「媽媽剛剛對你好像說太重的話了，可以重新再說一次嗎？」或是「我剛剛說的不是那個意思，你一定很傷心吧？」先承認錯誤並道歉。父母能先承認錯誤的話，孩子就會知道「啊，原來大人也會犯錯，犯錯時原來可以這樣修正。」孩子也因此能同時學到犯錯時該怎麼做。

父母應對孩子情緒時的反應類型

根據約翰．高特曼博士的研究，依照處理孩子情緒的方法，可以將養育者分成「忽略型、壓制型、放任型、情緒教練型」共四種，其中能讓子女最感到幸福的是「情緒教練型父母」。

忽略型父母

這類型的父母會忽視或是認為孩子的情緒不重要，甚至偶爾還會加以嘲笑，他們認為壞的情緒對於生活沒有任何幫助，因此孩子若出現負面情緒，父母會覺得彆扭，並想快速轉移孩子的注意力。認為孩子的情緒不合理，所以不重視或是放任不管，以為時間過去就會自動消失。如果孩子因為某些事情生氣哭泣的話，這樣的父母會說「幹麼為這種事哭」、「不哭就買好吃的給你」等做出如此的反應。

壓制型父母

無視孩子的情緒甚至批評這樣的情緒是錯誤的。通常這類型的父母會關注孩子的行動而非情緒，進而責備或是處罰。他們認為負面的情緒只會出現在個性不好或脆弱的人身上，而且相信一定要加以制止，因此不惜拿起棍子，也要讓孩子的負面情緒消失或導正成正確的行為。如果孩子因為某些事情生氣哭泣的話，這樣的父母會說「吵死了，還不快停」、「你再哭的話，就叫警察來抓你」等如此反應。

放任型父母

接受孩子所有的情緒，無論是好的情緒或壞的情緒，他們對於情緒或行動都不會加以限制，相信情緒能釋放出來的話，所有的事情都能解決。他們認為當孩子產生負面情緒時，能幫孩子做的就只有給予共鳴和安慰，對於孩子如何處理情緒及解決問題不感興趣。如果孩子因為某些事情生氣哭泣的話，這樣的父母會說「難過的話就痛哭一場吧」、「生氣的話打人也是情有可原，是啊，做得好，做得好」等如此反應。

情緒教練型父母

接受孩子所有的情緒後，再制訂行為的界限。他們認為情緒沒有好壞，而且是平常生活中的一部分，孩子表現情緒時，會尊重孩子的情緒並耐心等待，不會錯過孩子任何細微的情緒變化。同時認為和孩子的情感交流非常重要，而且能尊重孩子的獨立性，協助孩子找出解決方法。如果孩子因為某些事情生氣哭泣的話，這樣的父母會說：「我感覺到你很傷心難過，媽媽可以幫你什麼忙呢？」

從圖象來了解父母的反應類型

「我的孩子是怎麼看我的呢？」這應該是所有父母都想過的問題吧？如果讓家裡的子女來畫父母的形象，會畫出什麼樣的圖呢？或許會有不少爸媽覺得很有壓力，甚至會感到害怕吧！

「圖像學習」是心智圖中活用圖像來繪製概念圖的方式，為自我開發學習法的一種。只要利用簡單的記號或簡略的圖畫，就能表達自己的想法或訊息，因此即使是不太會畫畫的學生，也能輕鬆參與。進行圖像學習的過程中，可以解讀出許多與學生內心狀態、家庭環境、潛意識想法等相關的資訊。

下面是我教過的學生所呈現的父母與家人的圖像，透過這些圖可以推測出該學生的父母為何種類型，建議各位爸媽也可以試著讓孩子進行這樣的活動。

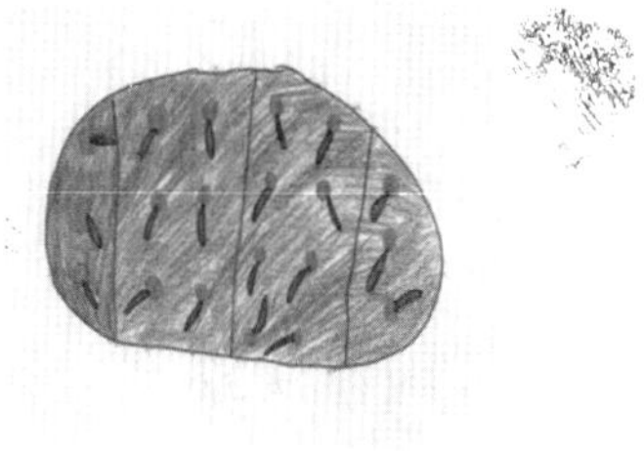

小學一年級女生

我的媽媽就像剛出爐的麵包一樣，因為媽媽的內心很溫暖又香噴噴的，所以我畫很多火柴來表現麵包的熱度。媽媽烤好麵包後會分送給鄰居，鄰居都叫媽媽是「很會做麵包的阿姨」。

這個孩子很受同學歡迎，是個學習態度好，經常幫助同學，自己的事也做得很好的模範生。她的媽媽是什麼類型呢？就是「情緒教練型」的父母。

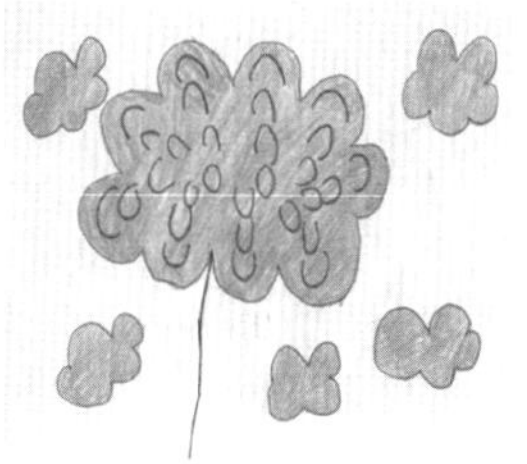

小學一年級男生

我的爸爸是鬆鬆軟軟的棉花糖，因為我爸爸的身體、內心還有皮膚都很柔軟。我爸爸不會喝酒、抽煙，只喜歡吃零食，又特別喜歡吃棉花糖，去玩的時候只要有棉花糖，都會買給我們，可是吃完自己的之後，又會要我們的來吃。

這個孩子畫了上面這幅作品。他的爸爸是什麼類型呢？就是「情緒教練型」的父母。

小學二年級男生

我的媽媽像風。因為媽媽像風一樣爽朗舒服，像風一樣到處跑來跑去的，就像颱風會帶來很多東西一樣，我媽媽也有很多人跟著她。

這個孩子的個性非常好，但有注意力不足的問題。孩子的媽媽共有四名子女，媽媽除了是里長之外，還擔任學校的導護媽媽長達十六年，屬於「放任型」的父母。

小學二年級女生

我的媽媽在外面像天使，但回到家裡就會把氣氛變得像地獄一樣恐怖，讓我很難受。如果媽媽能像在外面一樣，在家裡也是個親切的媽媽就好了。

這個孩子畫出了從事服務業的媽媽，在職場上非常親切，但是回到家裡卻變成嚴厲可怕的不同樣貌，這位媽媽屬於「壓制型」的父母。

小學六年級男生

想到媽媽，我第一個想到的就是這根棍子。這根棍子是去我們出去玩的時候，媽媽覺得很適合用來打我買回來的。它比鼓棒寬三倍，媽媽一個星期會用這個棍子打我的手掌、腳底還有背部至少兩到三次，要是她很生氣的話，我全身都會被打。媽媽打我時，我偶爾會有以後也要打回來的報復想法，但因為媽媽的塊頭大，所以差不多得等到高中二年級才有辦法報仇。

這個孩子雖然頭腦很好，成績也很不錯，但不太能適應學校生活，此外同儕關係也不太好。孩子的媽媽覺得兒子在學校受到排擠，要求召集防制霸凌因應小組。媽媽是什麼類型呢？就是「壓制型父母」。

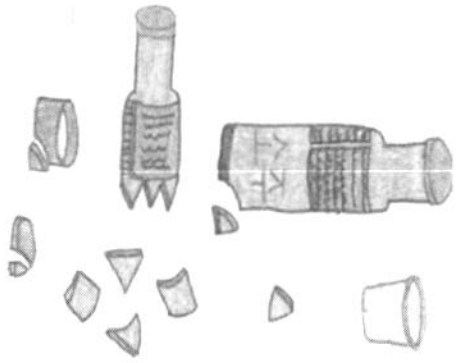

小學一年級男生

我的爸爸是打碎的酒瓶。爸爸在家總是在喝酒，一生氣的話就亂扔酒瓶，我因為害怕爸爸，回家就躲在房間裡。他喝了酒如果心情變差，就會和媽媽吵架，或是打我和媽媽。

這個孩子從學期開始就讓我大吃苦頭，每天遲到，作業幾乎都沒有寫，還會打同學找他們麻煩。我經常責罵他，要他寫悔過書，並留他一個人下來寫作業。在他畫了這樣的圖後，我才明白他的狀況。這孩子的爸爸是「壓制型父母」。

看到最後一張畫的瞬間，我終於理解這個孩子所有的行為了。孩子在酒精中毒的壓制型父親底下，不只遭受到家庭暴力，早上還要自己準備早餐才能來上學。媽媽為了躲開爸爸，凌晨便出門到很晚才會回家，然而我卻以要好好教導他為由，總是責備、訓斥他。我認為我對這孩子做的事，就跟〈牛和獅子的愛情故事〉一樣。

有一頭牛和一隻獅子，
兩人決定到死都要相愛，
於是結了婚，
並說好兩人都要盡最大的努力維持幸福。

牛盡了全力，
每天把美味的草
給獅子享用，
獅子雖然不喜歡吃草，但還是忍耐著。

獅子也盡了全力，
把美味的肉給牛享用，
牛雖然不喜歡吃肉，但還是忍耐著。

但是忍耐
是有限度的，

兩人坐下來促膝長談，
牛和獅子起了爭執，
最後兩人還是分手了。

分離的時候對彼此說的話是
「我盡全力了」。

牛與獅子的愛情……
問題出在哪裡呢？
曾經相愛的他們
為何會分開呢？

因為牛以牛的眼光來看世界，
獅子以獅子的眼光來看世界。

以我為主的盡全力……
看不到對方的盡全力……
越是盡力，結果反而最糟。

我們盡全力做的事是怎樣的事呢？
是自己想的嗎？

還是對方要的呢？

我們為了孩子所做的事，就像是「牛和獅子的愛情」一樣，我們為了孩子盡的全力是怎樣的全力呢？是否需要思考一下，孩子是否真的需要，真的能讓孩子幸福嗎？

讓孩子描繪我的形象

「孩子是怎麼看我的呢？」

總是因為學校工作、外部演講等被工作追著跑的我，很好奇我的兒子和女兒是怎麼看我的？某天我對正在看著書的兒子說：

「如果讓你來畫媽媽的形象，你會畫什麼呢？我想知道你真正的想法，提到『媽媽』你會想到什麼，能不能畫下來給媽媽看？」我對兒子提出了這樣的要求。

說完之後，我就像其他人一樣，頓時倍感壓力。如果是以前，孩子畫出的形象，或許是可怕的惡魔、鬼怪或是地獄之類的吧？但現在的我努力改變自己，所以很好奇他是怎麼想的，還有會怎麼來畫？

兒子在小學時，我曾教過他一陣子心智圖，因此他稍微思考了一下，很快便開始畫了起來。我還請他寫上圖像的說明，他也毫不遲疑的寫了。

透過兒子畫的圖像與文字，我又再次感受到教練式輔導的威力，我可以大膽確定教練式輔導真的有改變人生、喚醒我們的存在、恢復關係的力量。

下面是兒子畫的圖像與說明：

我的媽媽就像是炎熱沙漠中的綠洲一樣，
可是這綠洲還真奇怪，
有著不會生鏽的鐵製樹木，
底下還有茂盛的大葉子形成的
寬大涼爽的樹蔭。

樹木的果實有如蜂蜜一般香甜美味，
綠洲的水像是大海一樣又寬又深，
不是沉積的死水，

而是有魚在其中自在優游的水。
鐵製的樹木就像母親的毅力，
堅硬且結實，無論日曬或鏽蝕都打不倒她。
和蜂蜜一樣香甜的果實，
是母親人生中結成的無數小果實。
綠洲清澈的活水，
則是母親寬厚的心，
她用那寬厚的心，
寬容的接納並理解
兒子和女兒無數的失誤與過錯，
默默忍受並一再的等待再等待。
水瓢是母親將擁有的事物
分享出去的寬大胸懷，

她舀著數十個水瓢，
盛裝起清涼的水，分送給許多人，
緩解我們的口渴，
並滋潤靈魂，治癒心靈上的傷痛。

我的母親
就像是只有在夢中才會出現的綠洲。
在貧瘠的沙漠中，
永遠不會乾荒，
有著清澈涼爽的水
與茂盛濃郁綠葉的鐵製生命之樹，
讓我和人們
總是可以安心的依靠、歇息。

教練式輔導實習

教練式輔導並不是解決問題的技術，而是形成正面且值得信賴的人際關係之技巧，是為了解決問題的基本準備。

然而，無論我們怎麼努力學習理論，當想要認真實踐時，有時在一瞬間所有的辛苦都會成為泡影，特別是孩子將成績單或考卷帶回來的時候，來看看下面的對話吧！

孩子：媽媽（爸爸），我今天考試了，老師說上面要簽名。

（孩子放在桌上的考卷寫著60分，身為父母會有什麼反應呢？）

父母：考試很難嗎？

（這樣的話屬於「指責型」，是成為仇人的對話，以考試沒考好為前提所說的話。這麼說之後，假使孩子說「不會啊，我覺得還好？」要怎麼回答呢？此外，也可能有以下的反應。

父母：考得還不錯，差不多猜對六題吧！

（這樣的話屬於嘲諷的對話，也是「成為仇人的對話」，如果孩子覺得沒考好，你卻這麼說，會讓人覺得是在取笑。再看看其他的反應吧？）

父母：幸福不在於成績名次，你身體健康就好了。

（這樣的話是「放任型」父母會說的話，雖然接納了孩子的情緒，但卻沒有幫助孩子矯正行為，再看看其他的反應吧？）

父母：下次考好一點就行了。

（這樣的話是忽略型的指示和告誡。以上的反應都沒有任何幫助，那麼，該說怎樣的話呢？教練式輔導雖然看似簡單，但真正要做的時候，卻常想不起適當的話和提問，來參考看看以下的對話吧？）

孩子：媽媽（爸爸），我今天考試了，請幫我簽名。

父母：（中立的回饋很重要，就是不帶情緒，談論客觀的事實。）你今天考試啊，分數是60分。（此時一定要用柔和沉穩的聲音來說，語調上揚的話，就可能會變成指責和嘲諷成為仇人的對話。另外，如果馬上就簽名的話，就成了「放任型」父母，重要的是要理解孩子的心情。）你現在心情怎麼樣呢？

孩子：啊，好難過，本來還可以再寫對兩題的，寫好了又改掉，結果那才是正確答案，讓我好氣喔！（孩子常會做這樣的辯解，屬於防禦的一種，感覺快要被罵了，就先說這樣的話。）

父母：（聽了這樣的話之後，不能說指示、命令、忠告的話。舉例來說，絕對不能說「所以啊我不是說過了嗎？叫你要仔細看清楚，有誰叫你改嗎？」）啊，原來如此，寫了正確答案又改掉，結果錯了反而更傷心吧！我也曾經這樣過，真的很難過，你覺得呢？

孩子：沒錯，我當時為什麼要再看一次又改掉呢？下次絕對不會再這樣改了。（可以預想會有這樣的回答。然而，孩子說出防禦和辯解的話，還算是好的情況。有時會說出更讓人生氣的話，詢問了心情之後，可能會出現以下的反應。）

父母：現在心情怎麼樣？

孩子：還好啊！我們班還有很多人考得比我差，有四十分，還有零分的，我算考得好的了。

（當孩子這麼說時，在學習教練式輔導之前，我會回答：「喂，要看比你好的人啊，幹麼看成績差的人，不是有拿到一百分的人嗎？」像這樣大聲說著。這樣的對話就是成為仇人的對話，那麼父母該如何反應呢？將孩子說的話用「鏡射法」複誦一次，可是完全複誦的話，孩子可能會感到厭煩，因此要見機行事。）

父母：是嗎？你們班有四十分，還有零分的人？所以你覺得考得還可以嗎？（也不能就這樣蓋上印章，還要矯正行為才行，再次提出問題。）那麼再考一次的話，你覺得拿幾分比較好呢？（幫助孩子定下目標，像這樣提問的話，孩子會怎麼回答呢？根據我輔導孩子的經驗，四十分程度的孩子一定不會說一百分，一般會說七十到八十分，孩子們也有上進心，一定會說個比目前更好的分數。）

孩子：我希望能拿八十分左右。（此時如果對孩子說：「要拿就拿一百分啊，八十分算什麼？」一說出像這樣指責的話的瞬間，對話就失敗了。）

父母：啊，想拿八十分左右啊？拿八十分的話有什麼好處呢？（幫忙延伸八十分的意義，讓孩子充分思考這個目標為何重要。）

孩子：拿到八十分的話，就會有自信心了，對於考試的恐懼也會消失。

父母：有這樣的好處啊！可以產生自信還能消除恐懼，還有什麼優點呢？（協助孩子思考目標以外的夢想。）

孩子：上學會變得比較有趣，對媽媽也不會那麼愧疚了。

父母：我不曉得原來我兒子（女兒）想得這麼遠。（對於孩子的話，不要吝於給予支持性的回饋，如果時間和條件允許的話，進行越多能延伸意義的提問越好。）原來八十分是這麼有意義的分數，那麼為了拿到這麼重要的八十分，該怎麼做會比較好呢？

孩子：平常可以多寫一點習題。（此時，孩子可能無法馬上回答，或是說「不知道」、「想不到」，教練式輔導中認為沉默的時間非常重要，為什麼會說不知道或想不到呢？因為孩子幾乎不曾被問過這樣的問題，要做沒有做過的事，當然就會覺得陌生尷尬。這個時候父母可以說：「啊，這麼臨時真的會想不出來，那麼之後好好來想想吧！」留下餘地會比較好。）

父母：這個想法很不錯，要拿八十分的話還可以再試著做什麼呢？

孩子：上課的時候要認真聽，很多老師強調的地方，都有出現在考題中，是我沒仔細聽。

父母：是啊，上課時間很重要，怎麼有這麼好的想法呢？果然是媽媽（爸爸）的兒子（女兒）。（想要嘗試的方法越多越好，此外，無論說了什麼樣的方式，都不要指責或批判，而是要給予支持。）還有什麼方法呢？

孩子：同學說某某補習班很好，感覺去那邊上課的話也很不錯。

父母：是啊，那也是個方法吧？你想到不少好方法耶！那來整理一下你想做什麼吧？（最好讓孩子自己整理自己的想法。）

孩子：寫習題、上課時間認真聽、打聽補習班。

父母：整理得很清楚明瞭，那麼你覺得先做什麼，對於拿八十分會最有幫助呢？

孩子：嗯，我覺得是寫習題。

父母：這樣啊，要寫哪種習題呢？

孩子：因為我數學比較弱，應該多寫數學習題，得去書店買書了。

父母：這樣啊，那什麼時候去買呢？

孩子：我希望這個週末可以跟媽媽一起去買。

父母：那麼一天之中何時要寫習題呢？

孩子：做完作業、吃完晚餐後，從九點開始寫三十分鐘會比較好。

父母：看你都規劃好時間了，應該可以確實實踐喔！那麼一個星期要寫幾天呢？

孩子：每天做有點困難，一個星期大約三天好了。

父母：要不要先定好日期呢？

孩子：那我就定不用去補習的星期三、五、六。

父母：我們來整理一下你剛剛說的吧！

孩子：一個星期三天，每天花三十分鐘寫習題。

父母：說得非常好。那麼要怎麼確認有沒有好好執行呢？

孩子：我可以做一個圖表，那天有花三十分鐘寫習題的話，就貼上一張貼紙。

父母：這樣做就能清楚知道了呢！這個點子真不錯。但執行時會不會有困難呢？

孩子：嗯，我怕我會為了打電動或看電視忘了時間。

父母：那該怎麼做比較好呢？

孩子：用手機設定好鬧鐘，或是我忘記的時候，請媽媽提醒我。

父母：媽媽沒想到的地方，我兒子（女兒）都想得到了呢！這樣的話什麼時候要做圖表呢？

孩子：跟媽媽說完我就去做。

父母：我真的好想誇獎我兒子（女兒）的執行力喔！規劃的內容都做了之後，下次考試拿到八十分的話，心情會怎麼樣呢？

孩子：一定會很開心，會覺得自己可以辦到。

父母：真的完成做到的話，你會想要怎麼稱讚自己呢？

孩子：我超棒的！

父母：媽媽相信能讓我兒子（女兒）這樣說的日子很快就會到了。再跟媽媽說一下，你決定做什麼事好嗎？

孩子：我下次考試想拿到八十分，所以我決定要寫習題、上課時間認真聽還有打聽補習班。我要先從寫習題開始，這個週末要跟媽媽去買書，一個星期會在星期三、五、六這三天，從九點開始寫三十分鐘的習題，有做到的日子，就在圖表上貼上一張貼紙。

父母：我們說那麼多話，你都記得很清楚呢！那今天跟媽媽聊天，有什麼新的發現或領悟呢？

孩子：我想要快點去做，而且要好好實行，一定要進步到八十分。還有跟媽媽一起這樣制定計畫，感覺會很順利，讓我很開心。

父母：能這樣和我兒子（女兒）討論，媽媽也覺得很幸福，我兒子（女兒）能有這麼好的想法，真的很懂事又了不起。我們下次什麼時候要再討論呢？

孩子：實行一個星期左右再來討論好了。

父母：好啊，我兒子（女兒）的目標一定要實現，媽媽為你加油。

孩子：好。

以上是依照情緒教練式輔導的五階段、教練式輔導對話模式的五階段所整理的標準對話內容，然而在現實生活中，父母和子女的對話要依照這樣的方式來進行並不容易，因為平時很少會這麼談話，對於父母和孩子來說都很生疏。

為了讓父母和子女的對話能自然的符合教練式輔導對話模式，什麼是最重要的呢？首先聲音要柔和平穩，我在學習教練式輔導之後，才明白：

尖銳激昂的聲音會扼殺一個人的能力，
而柔和沉穩的聲音則能喚醒一個人的潛力。

雖然理解用柔和沉穩的聲音說話非常重要，但要實踐時卻讓人感到肉麻。對此，高特曼博士說過要「少量多次」的練習。就像每天吃完飯要刷牙一樣，少量多次反覆進行的話，就能養成習慣。過去的壞習慣，怎麼可能一次就輕易改變呢？

練習！練習！練習！

少量多次「反覆、反覆、反覆」的練習

過去對孩子做了多久時間的錯事，就要用同等的時間彌補回來才行。幸好大腦具有可塑性，只要經常反覆進行的話，就能認知想要走的路徑，進而養成新的習慣。

「學習」的習，字型看起來好像是羽毛的羽和一百的百所組成，也就是說翅膀要揮動一百次才能飛得起來，所以反覆練習是很重要的，這麼一來課本中的理論才能內化成屬於自己知識。或許要練習一百次有難度，但至少學過一次之後，要複習五次以上，才能將所學從海馬迴的短期記憶倉庫中，轉移到大腦皮質的長期記憶倉庫裡。

學校或各種教育機關經常開設類似主題的研修課程，也是因為聽課時感覺都懂了，好像可以馬上實行，但離開講堂後，不久又忘了。「講得還不錯，但說了什麼啊」、「有說要做什麼嗎」……怎麼樣都想不起來。買了汽車加過一次油之後，是無法一直使用到報廢的，車子沒有油就要去加油站。同樣的道理，學校或各個教育機關就是知識的充電站，請不要一次就想要了解全部，而是要經常去充電。聽過一次時，幾個細胞改變了，再聽一次時，又有幾個細胞改變了，讓自己變得不一樣的日子總會到來。長期身為

壓制型父母的我，為了改變真的花了很多時間。約翰・高特曼博士曾說過：

「少量多次的反覆練習去做吧！

少量多次的表現出好感和尊重吧！

少量多次的表達感謝吧！

少量多次的表現愛意吧！」

要反覆進行到什麼時候呢？

我們要孜孜不倦的學習，直到知識成為生活為止！

7 奇蹟的發生

透過自己所選擇的事，

孩子能從中獲得自信，

知道自己能完成什麼、做到什麼。

寫下來就會實現

約翰．高特曼博士在五十年間研究了將近三千對的夫妻後，發現情緒教練型父母的子女會有以下的成長。

- 優秀的專注力↓提升學習能力。
- 理解他人情緒↓優秀的情緒調節力。
- 良好的同儕關係↓優秀的社會適應力。
- 主動、正向的態度↓優秀的問題解決能力。
- 克服疾病、壓力↓優秀的逆境恢復能力。

接下來分享一個情緒教練式輔導的成功案例，下面是某位少女的情況：

• 小學六年的時間沒有交到任何一個朋友。
• 體重過重。身高約一百六十五公分，體重超過八十公斤。
• 總是聽父母說「成為仇人的話語」，從未被稱讚過。
• 自信、自尊心、成就感幾乎到了谷底。
• 高中二年級自願休學，大學一年級兩次自願退學。
• 在家裡做的事只有吃、睡、打電動和看電視。
• 曾因父親事業失敗，經歷經濟上的困難。
• 母親曾因交通意外與大手術多次入院。

造成這個孩子肥胖的原因為何呢？就是壓力。女孩的父母是什麼類型呢？當然是「非教練型」。孩子曾試著要減重，為了減重做了各種嘗試，吃中藥、針灸、上健身房都試過，但總是失敗，減了一公斤又復胖三公斤，減了三公斤又重了五公斤，就這樣成了八十公斤的肉肉女。

這孩子的父母後來認識了教練式輔導。原本掛在嘴邊的是「成為仇人的話語」，每天和孩子在心碎中度過，認識教練式輔導後，儘管困難但努力試著給予孩子「肯定、尊重、支持、稱讚」。

由於說的是平常不會說的話，一開始很難啟齒，想要開口稱讚時，感覺像是全身起雞皮疙瘩般的不自然。儘管如此，他們還是從少量多次的反覆稱讚開始，進步到可以自然的對孩子表現愛意。當成為仇人的話語要脫口而出時，便忍耐再忍耐。

剛開始他們會覺得「非得要做到這樣嗎」，好幾次都想中途放棄，可是看到孩子消沉的模樣，就又感到惶恐不安，擔心孩子這樣繼續下去該怎麼辦，於是決定無論如何都要為孩子改變。他們努力找出可以稱讚的機會、表現愛的機會，也練習用柔和平穩的聲音說話。在課堂上聽到的方法實際奏效時，就更努力學習。

某一天，這位少女在鏡子上貼個字條，上頭寫著：

「四十八公斤S曲線」

各位看到這個之後，會怎麼進行教練式輔導呢？

「是啊，妳一定能做好，妳辦得到的。」

這麼說可以嗎？雖然沒什麼不好，但高中生聽到這樣的話，一定會說「煩死了」。那麼該怎麼做呢？最簡單最好的方式就是「鏡射」孩子所表達的內容。

首先用柔和平穩的聲音說：「啊，妳想瘦到四十八公斤啊！真的瘦到四十八公斤的話，有什麼想做的事呢？減到那個體重有什麼優點？」透過這樣的提問來給予肯定、尊重、支持與稱讚。當他的父母這麼做之後，房裡又繼續貼了以下的內容：

「別再吃了！不准吃！」

「還差得遠呢！妳可以減到四十八公斤的，再忍耐一下！」

少女的父母以前一定會這麼說：「這樣就能減肥嗎？別吃了吧！又開冰箱門了嗎？妳就是這樣吃個沒完才會胖。」一連串的鄙視、指責，對孩子說著成為仇人的話語。現在他們學會用柔和平穩的語氣說：「為了減到四十八公斤，要試著做些什麼呢？」讓孩子思考各種減重的方法，然後繼續寫下來貼上。

來公開這個孩子之前的照片吧，很可惜沒有八十公斤的照片，這是減了七到八公斤左右時的模樣。

站在旁邊的大嬸就是我。我這個媽媽的塊頭也不小，但孩子看起來是我的一點五倍。後來孩子看到這張照片，還嚷著說這是怪物還是人啊？以上就是我女兒的故事。

吃飽睡、睡飽打電動的時期，讓女兒曾經一個月胖了十公斤以上，體重超過八十公斤。除了肥胖，遊戲成癮、社交恐懼，甚至連憂鬱症都找上門來，狀態非常嚴重。為了救孩子，我開始學習教練式輔導和領導能力，學習對孩子說能拉近彼此距離、尊重孩子的話。

於是，孩子興致來了，房間裡貼滿更多文字，過去只會指使、下命令的我，現在說的是「你想嘗試什麼？該怎麼做呢？媽媽能幫你什麼？」讓她具體寫下計畫再貼上去，之後再依不同項目來核對，實踐減重的計畫。

有一天，我看到一張催淚的紙條，寫著「等減肥成功要請自己吃一頓」。要吃什麼呢？就是小孩喜歡的「炸雞、炸豬排、披薩……」以前可以輕鬆吃掉三人份的女兒，為了減肥忍住不吃。在「等減肥成功，要請自己吃一頓」的紙條底下，藏著餐廳的電話。

有一天女兒哭喪著臉來找我說：

「媽媽，我瘦到一定程度之後，體重卻一直減不下來。」

「嗯，那麼現在思考一下沒有試過的方法吧！還有什麼呢？」

孩子認真思考後，決定要花時間來走路。問了她想要在哪走？何時走？走多久？她說要在家附近的公園，每天晚上九點走兩小時左右。我又接著問：「那麼媽媽可以幫什麼忙呢？」她回答：「媽媽陪我一起走。」

從那天開始，我每天都會抽出時間，和孩子一起走路兩個小時以上。就這樣之前動用無數的方法都減不下來的體重，三到四個月後，孩子完全變成了另一個模樣。

現在的我反而比女兒更胖，小時候有舞蹈天分的她，現在已經完全瘦下來，在教會裡穿著芭蕾舞衣教孩子跳舞。女兒的社交恐懼症也漸漸消失，並產生了自信，憂鬱症也開始好轉。過去試圖要跟她對話，只會以「不知道」迴避對話的孩子，現在開始會用柔和的聲音說話了。

出現讓人心動的事

孩子能瘦下來，還有另一個重要的原因。學習教練式輔導前，我一看到孩子，就會逼問她：「什麼時候去考學力鑑定考試？什麼時候要讀大學？」學習教練式輔導後，我問的問題不一樣了。

我開始問：「你想要嘗試什麼？有什麼想做的嗎？」可是不管我的語氣多麼溫柔，孩子的答案還是沒有改變，仍然是「不知道」、「為什麼老是問這個」、「沒有想做的事」，而且口氣極差。我這麼認真努力學習教練式輔導，孩子卻回答得這麼敷衍，讓我不禁又火冒三丈。

但某一天，我卻突然領悟到，我雖然問著：「你想要做什麼呢？想做哪方面的事呢？」但心裡仍是期待著「媽，我現在想要念書，我要去上大學」這樣的答案，這就是教練式輔導中的「自我」。我已經有了先入為主的想法，孩子自然也能感受到我希望他們那麼回答。

孩子怎麼可能會不知道呢？就算父母不說孩子也很清楚，就連小狗面對人時也馬上就能知道對方喜歡或討厭自己，我小時候曾被狗咬過，所以不喜歡狗，不曉得是不是因為如此，每當我造訪有養寵物的人家時，小狗絕對不會靠近我。連這樣的小動物都能看穿人的心思，有著無限潛力的孩子，怎麼會不知道問題中潛藏著什麼樣的答案呢？

孩子之所以會說不知道或逃避回答，是因為大人為了得到自己想要的答案，而進行誘導式的提問。這樣的提問不是「提問」而是「訊問」，提問可以活化孩子的額葉，並提高孩子的思考能力，但訊問只會讓孩子生氣，活化爬蟲類腦，使孩子的能力下降。

某天領悟到這個驚人的事後，我就把一切放下了。面臨著孩子說不定會死的緊迫情況，我的野心以及對孩子充滿私心的期待，全都可以放下。

「大學有那麼重要嗎？讀書有什麼重要的？只要孩子活著，只要孩子是正常的，什麼都無所謂，不是嗎？」

就這樣放下一切後，內心變得輕鬆起來。然後某一天，我這麼對女兒說：

「妳有沒有想做的事？不念書也行，不上大學也行，只要妳有想做的事，媽媽都可以幫忙。」

「媽媽，真的可以說嗎？不會被罵吧？不會被罵吧？」孩子反覆問了好幾次。因為以前的她如果說了媽媽不滿意的答案，總是會被責罵，孩子很擔心又要挨罵了。

「聽了我說的事，媽媽說不定會暈倒，媽，真的不會罵我嗎？」

「我不罵妳，媽媽現在不是爬蟲類，而是靈長類了，妳說說看吧！」

這時，孩子應該是安心了，於是說：

「我是有一件想做的事啦，嗯……嗯……」

「別擔心，快說吧！」

「媽媽，我想做糕點烘焙。」

孩子支支吾吾說的「糕點烘焙」真的是我無法理解的領域。在這個大家都已經在讀大學的年紀，現在才開始說想做什麼？更何況女孩子做什麼糕點烘焙？

當時，有部收視率第一名的電視劇叫《我是金三順》，不少韓國青少年看了都爭相要當甜點師，很明顯的坐在我前面的這個也是。

「什麼糕點烘焙！女孩子做那個要幹麼？妳知道那有多辛苦嗎？還有要花多少錢嗎？」我心裡想說的話實在太多，但我同時又覺得這個答案比孩子活不下去要好太多了，於是強忍著怒氣回答：

「是喔，原來妳想做的是糕點烘焙的工作啊！」給予支持性的回饋後接著問，「媽媽可以幫什麼忙呢？」

「媽媽幫忙出錢就好了。」

女兒從那天開始就在網路上搜尋，找到一家烘焙教室，繳交了大筆的學費，從早上十點開始到晚上六點，報了上午的甜點班和下午的麵包製作班，連同準備考試的實習班也一起報名。

去補習班上課的時間是六、七、八月，一年之中最熱的時候，在酷熱的盛夏，孩子要拖著八十公斤的身軀，一整天站著練習，回到家裡像是被水淋過般，全身都是汗，兩條腿腫得像柱子一樣。原本以為她會覺得太辛苦而放棄，但因為是自己選擇的事，怎麼也不能輕易放棄。

某一天，她開心的對我說：

「媽媽，老師今天稱讚我了。」

「他說了什麼？」

「他說我的麵糰揉得很好。」

我女兒為何麵糰揉得好呢？用八十公斤的塊頭來揉，麵糰揉不好才奇怪吧？孩子做的麵包真的鬆軟又好吃，我會愛上麵包，也是因為那段時間不斷吃著女兒做的麵包。女兒吃了自己做的麵包後，又變得更胖，曾經還一度超過八十公斤，看到她的樣子，真的覺得我瘋了吧！

孩子上了糕點烘焙的課程後，為了準備考試，每天要製作十人份以上各式各樣的麵包和甜點，這些麵包和甜點每天都會帶回家裡，由於份量太多，家裡消耗不完，便帶到社區、教會、我任職的學校分送給大家。「這是我那個想要成為世界級甜點師的女兒做的，請享用並幫我們集氣祈禱。」很多人都稱讚女兒做的麵包真的很好吃。

女兒認真學習之後，沒多久就意氣風發的通過糕點烘焙技師考試，還考取了兩個證照。證照頒發的那天，她手裡揮動著證書說：「媽，我第一次完成了自己想做的事，接下來其他的事也都辦得到了。」那開心的模樣就在我眼前。

我雖然不怎麼滿意，但孩子透過自己選擇的事，知道自己也能完成什麼、辦得到什麼，並獲得了自信。之後，孩子通過了高中學力鑑定考試，還參加大學入學考試，考上三所以烘焙著名的大學。

取得證照再加上考上大學，孩子對於烘焙就更感興趣了，進一步的也想去看看在該領域佔有領先地位的日本。原本只沉迷在電動中的孩子，不管開始對什麼事產生動力，都很令人開心。當時因為丈夫事業倒閉和種種事情，真的是家境很艱難的時期，但我仍想要幫女兒完成心願，在拮据的情況下，我決定要和女兒趁著過年連休到日本旅行五天四夜。

當時還有些社交恐懼症的女兒不喜歡跟團，說要自助旅行。我對孩子說：「試著自己規劃旅行行程，看看能否用最少經費走最多的點。」於是女兒開始翻閱日本旅遊的相關書籍，規劃了起來。就這樣在一句日語都不懂的情況下，我們的日本之旅成行了。

天氣依然冷颼颼的二月裡，我們在五天四夜中，幾乎造訪了日本知名的甜點店。這樣的旅行當然非常辛苦，其中最辛苦的莫過於還要配合情緒起伏大的女兒。我心裡常常覺得「為何我要花錢來受這種罪？還是自己回去算了。」但是仔細想想，在家只會打電動與廢人無異的孩子，竟然願意出來走走，光憑這點就很值得感謝了，感謝她能這樣好好活著，還跟我一起出來旅行。

孩子在各家甜點店買的形形色色美味蛋糕，價格並不便宜，這讓沒帶多少錢過去的我內心焦急不已。她買了蛋糕回到住處後，一一拍照記錄並品嚐味道，直到深夜。原本以為走了一整天的路應該會瘦一點吧！但每晚我們母女倆得吃下各式各樣的蛋糕，在五天四夜裡，白天吃日本料理，晚上是各種蛋糕與點心，別說變瘦了，回來時更是胖了一大圈。

不過，看到孩子漸漸變開朗的模樣，讓我無比欣慰。到了三月，孩子開始進入糕點烘焙大學就讀，雖然不是我屬意的學校，但孩子至少開始活動並且進了大學，讓我鬆了一口氣，我相信女兒一定能成為「世界級的甜點師」，並支持著她，然而這只是暫時的，孩子去了兩個月左右，某天突然對我說：

「媽，糕點烘焙應該要當成興趣，不能當成主修，看來學校得停掉了。」

我氣得說不出話來，「什麼？學校才去兩個月就說不去了？到目前為止我花了多少錢啊？付了這麼貴的學費，現在說不上了？」無數成為仇人的話語差點就要脫口而出，但我明白就算說了也無濟於事，忍住爆發的怒氣，我用平穩的聲音說：「人活著就好……人活著就好。」

於是，孩子又開始在家閒晃了，但不同於過去，她不打電動而且出來的時間也變多，也會看看書，做些什麼事。有次孩子從某本書上看到「寫下來就會實現」的內容，覺得「玩的時候至少要減肥成功」，於是便在房裡貼上「四十八公斤S曲線」的紙條。

後來女兒終於減肥成功了。瘦下來之後，孩子又更有動力，不曉得是不是「寫下來就會實現」讓她特別有共鳴，她又貼上這樣的句子，「中央大學心理學系」。

接著開始認真看書，有次她讀了史考特·亞當斯（Scott Adams）的著作《呆伯特大未來》（*The Dilbert future*），其中寫到「一天寫十五遍自己的目標，持續五十年就會實現。」她便開始每天執行。

就這樣拚了命似的在閱覽室奮發念書念了三個月左右，又再度參加大學入學考試，考取心目中理想的學校了嗎？答

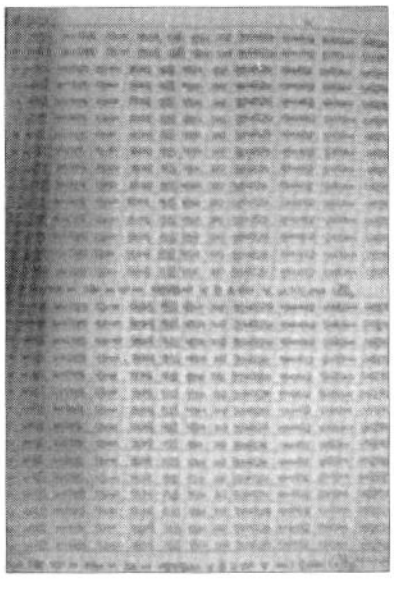

案是沒有。如果只念了三個月就能考上那所學校的話，應該很傷該校學生的自尊吧！

語言領域二等級分[4]、數理領域二等級分，雖然考出一定的成績，但英語只有五等級分。英語並不是短時間就容易改善的科目，再加上她從小對語言比較沒有天分，英文較難拿到好成績。儘管最後沒有考上那所大學，但孩子考取了還算志願之一的某大學社福系。雖然不是我和她的心中首選，但孩子正在做些什麼，就足以成為我的安慰了，然後我又抱著她能成為世界級社工員的希望，再次全力給予支持。

然而，入學後不到兩個月的某一天，我出差提早回到家裡，卻發現孩子在房裡睡覺。看來看去都不像去過學校的樣子，便問她：

「妳怎麼在這裡，沒去學校嗎？」

「媽，班上同學的程度太糟糕了。我讀不下去了，我要休學。」

聽到這些話的瞬間，差點氣得想把孩子的頭髮全都扯掉，怒火湧了上來。

「什麼？又要休學？妳到底精神正不正常？有什麼事是妳能貫徹到底的嗎？家裡都沒錢了，妳竟然還連續從兩所私立大學休學？妳瘋了嗎？」我努力壓抑著差點就要脫口而出的仇人話語，真的快把人逼瘋了。

「再怎麼樣也要打起精神，是啊，我是教練式輔導專家，教練型的父母……」我在心裡反覆默念著，然後再度找回理智，用溫暖的聲音對女兒說：

「是啊，活著就好，只要活著的話，就有機會找到讓妳心動的事吧！」

然後孩子又開始無所事事。

4 韓國大學入學考試成績採級分制，共分為九等級，最高為一等級分，最低為九等級分。

在沙灘上寫下的願望

某天孩子說想要去旅行，我心裡雖然想著「妳這閒人還想什麼旅行？」但另一方面又覺得至少比她在家只是打電動滾來滾去好多了。如果是以前的話，我會說：「好啊，去○○吧！」但學了教練式輔導後，我改成問孩子：「好啊，妳想去哪裡？」

「我想去濟州島。」孩子說。

「好啊，那麼媽媽可以幫上什麼忙？」

「幫忙出錢就可以了。」

孩子在規劃好濟州島的行程後又這麼對我說：

「可是媽，我沒有朋友，要跟誰去呢？一個人去又不太好，媽媽要不要跟著來？」

儘管當時我忙得暈頭轉向，但孩子卻找我這個過去對她來說就像仇人一般的媽媽一起去旅行，實在是太讓我感動了，於是我想盡辦法排開所有的事和孩子一起出發。和日本自助之旅相比，四天三夜的濟州島旅行雖然好一點，但孩子的情緒起伏依然很嚴重，很多時候我都想自己搭飛機回來，幸好終究還是忍住了。

我們一起去了濟州島的海邊。

「媽媽，聽說寫下心願就會實現，快點拍下來吧！」

孩子一邊說，一邊開始在沙灘上寫了字，仔細一看，女兒寫著的是：「〇〇啊，男朋友快出現吧」，我的心裡突然火冒了上來。

「到底什麼時候才會懂事啊？好好的學校不念，休學在家裡閒閒沒事的米蟲，想交什麼男朋友？」這樣的話差點就要脫口而出，心中又不斷默念「我是教練」忍了下來，然後對孩子的話給出了回饋。

「哎呀，妳想要交男朋友啊？有男友的話想做什麼呢？想要怎麼樣的男朋友呢？」

我提出了這樣的問題。

「媽，妳知道我為什麼想要交男友嗎？」孩子反問我。

我心裡雖然想著「我一點都不想知道，這丫頭」，但依然用柔和平穩的聲音說：

「是什麼原因呢？」

就這樣孩子對我說出了心底的話：

「在家打電動打到膩的時候，偶爾會想到那些自殺的孩子，我也來自殺看看吧？怎麼樣才會死呢？去撞車嗎？還是跳樓？什麼方法都想過了，有天我仔細想了想，我有三個還不能死的理由。第一我身為女生，卻老是穿大尺碼的寬鬆衣服，實在太丟臉了，我也想要穿露肚裝，也想要穿穿看比基尼。第二我也想進一所像樣的大學，好好認真念書。第三是看到那些孩子從來沒交過男朋友就死了，感覺實在太委屈了，所以還不能死，於是就把自殺的事往後延了。後來從某個時候開始，媽媽改變了，媽媽變了我就沒有死的理由，就這樣繼續活了下來，現在也減了肥，如果還有男朋友就更好了。」

聽了女兒說的這一番話，真是慶幸她沒有死好好的活下來，可同時腦中也浮出另一個念頭：「是喔，就只會想到男朋友嗎？什麼時候要念書？」當然這次也忍住了，用溫和平穩的聲音說：「妳身材好又有漂亮的臉蛋，妳想要的男朋友一定會出現的。」

女兒走了一段路之後，又在沙灘上寫了一些字，接著對我說：

「媽，快拍下來，把心願寫下來就會實現。」

我趕緊過去拍照，看到她這麼寫著：「〇〇去美國吧！」

看到這個的瞬間，我實在有太多話想說了，「妳爸爸經商失敗差點就要流落街頭了，怎麼敢想要去美國？還是看清現實在韓國好好念書吧！」

儘管想這麼說，又不斷告訴自己我是教練，然後給出支持性的回饋，「哇！妳想去美國啊？到了美國想要做什麼呢？美國是個好地方，還有人稱它為希望之地，我也想去。」

「媽，妳知道我為何想去美國嗎？」

「為什麼？」

「我想去美國念心理學。」

聽到這句話，我彷彿挨了一記悶棍一樣。

「什麼？心理學？大家都說要快速拖垮家裡的話就去念政治，要慢慢拖垮的話就念心理學，雖然現在家裡也沒什麼好讓妳拖垮的，但沒完沒了的就是心理學啊！妳是有多了解美國的心理學？連一句英語都說不好，憑什麼去美國讀心理學？」我實在有太多話

想說了，但儘管如此還是要給孩子支持性的回饋。

「妳想念心理學啊，現在心理學很熱門呢！妳一定可以念得很好，念了心理學想要做什麼呢？」

這麼說了這些支持的話後，女兒又再次問我：

「媽，妳知道我為什麼想讀心理學嗎？」

「為什麼？」

「雖然我有勇氣休學離開學校，但沒有勇氣的同學有的得一邊上課，一邊吃精神科的藥，還得接受心理諮商。媽，我的學校一年有一到兩個學生自殺，我們國家的青少年自殺率是經濟合作暨發展組織國家中的第一名。媽，妳知道孩子們為何要死嗎？我之前想自殺時，目的是為了報復，只要一想到如果我死了，媽媽和爸爸會最難過，就想這麼做。可是真的要去自殺時，又有太多繼續活著的理由，我是想著那些理由才沒有死。而那些選擇自殺的孩子，都是因為找不到活下來的理由才會那樣。我想幫助那些跟我一樣青春期在痛苦中度過的孩子。」

我聽了女兒的話充滿無比的愧疚與心痛，父母不是沒學問，也不是沒出息，而是高知識分子家庭的女兒，但她的青春期卻是在痛苦中度過，我實在是無話可說。

「女兒，對不起，請原諒我這個媽媽，剝奪了妳幸福的幼年時期和青春期。」我用淚水向她賠罪。

「雖然有些晚了，但幸好媽媽想通了，在這個世上還有無數未領悟的父母與老師，請幫他們上課告訴他們吧！」孩子說。

現在的我會站在各位面前說著這些，也是因為孩子的關係。只要時間允許，我會繼續走遍全國、走向全世界，或許一直到死才會結束。我期許自己能去改變像我這樣的父母、老師，並為了孩子繼續做下去。

那天孩子回到民宿，在停車場停著的進口車旁邊使勁擺著姿勢，接著對我說：

「媽媽，快幫我拍下來，我到美國後，要坐這種車去上學。雖然是別人的車，但我先擺擺樣子，快點幫我拍。」

我心裡雖然想著「妳知道這車有多貴嗎？」但還是「哇，妳想坐這樣的車啊，是啊，總有一天我女兒一定能坐到這種車的。」給予她支持。

刷了前往美國的機票

當時家裡的經濟情況無法把女兒送到美國，丈夫的事業越來越糟，我們一家人不管在家或學校，甚至在教會都遭受到高利貸業者的恐嚇。我在飽受煎熬的情況下，好幾次住院，經歷了車禍和生病，還動了兩次大手術，要去美國，我連做夢都不敢想。

但即使在這樣艱困的時期，我仍然持續進修與教練式輔導和領導力相關的課程，最後取得了幾個相關的證照。我透過自己的經驗和學習，結合所學的理論來授課，開始出現了熱烈的反應。一開始在首爾的各個學校以及教育相關活動中授課，不久後，全國各地的演講邀請蜂湧而來。

其中有位住在美國的朋友聯繫上我，希望我能過去那裡演講。這位朋友在我最艱困的時期，帶給我最大的安慰，我就這樣安排前往了匹茲堡，仔細想想，如果能帶上教練式輔導的「成功實例」，也就是女兒或許不錯。儘管不確定女兒要不要跟我一起去，旅行經費也是個問題，但還是開口問她：「媽媽要去美國演講，妳要不要跟我一起去呢？」

「好啊，我陪妳一起去。」沒想到女兒同意了。

既然孩子說要去，接下來就是錢的問題了，我向銀行貸款借了約十三萬元後，便和孩子一起前往美國。

演講結束後，我還有學校的課程一定要馬上回來，而孩子則留在美國一個月左右，並且在某所大學上了兩週免費的課程。就讀那所學校的一位韓國男留學生對我女兒一見鐘情，在那短暫的期間兩人似乎已約定好要「交往」。

到了孩子回國的那天，我到機場接她，孩子才剛見到媽媽的臉，就一直捧著電話不放，回到家裡也不停聯繫，和對方每天互相傳著簡訊。從美國回來六個月後，奇蹟般的事發生了，就像她在濟州島沙灘上寫的一樣，女兒要去念美國的大學了。

孩子要去美國時感受到極大的壓力，連英語都說不好，也不是要去念語言學校，再加上沒有人積極給予協助，也沒有足夠的錢，完全就是「硬著頭皮去做」的情況。我因為太忙沒能幫忙她找房子，孩子從護照、簽證到取得大學入學許可，所有的事都是一個一個找人詢問，並親自處理。在那過程中瘦了一大圈，應該是無法好好睡覺的緣故。

出發前往美國的前一天，孩子徹夜把行李放入行李箱又拿了出來，變得極為敏感。因為沒有錢，只能買多次轉機的便宜機票，那麼多行李更加成為了負擔。「個性內向加上英語又不好的孩子，帶著那麼多行李到得了美國嗎？在那裡能好好適應嗎？到了之後如果憂鬱症變嚴重，不會惹出什麼事端來吧？」我胡思亂想著。

隔天載她到了機場，我這麼對孩子說：

「妳不是去那裡念書，而是去生活的，覺得辛苦的話隨時都可以回來。對媽媽來說，妳最重要，只要妳好好活著媽媽就很感謝了。」

就這樣便將孩子送往美國。而孩子出發前送給我的生日禮物以及催淚的信，將長長久久的保留在我心裡。

給全世界我最愛的媽媽：

我偉大的讓我感到驕傲的媽媽，祝您生日快樂！

對於一事無成的我，很感謝您總是以我為榮，給我勇氣以及正向的想法，幫助我擁有遠大的夢想，在艱困的情況下還送我到美國念書，真的很感謝您！

無論到哪裡只要提起媽媽，大家都說我很幸福，我也這麼覺得。

媽媽總是相信我、信任我、耐心的等待我……而且不斷的學習並充實自己。

我真的很以您為榮，也很感謝我的媽媽是這樣的一位媽媽。

我會認真努力學習，一定要成功，讓媽媽老後無後顧之憂。

祝：

親愛的媽媽生日快樂

您美麗的女兒〇〇敬上

曾讓我那麼心痛的女兒，終於知道媽媽相信她並等待著她了。讀了女兒留下來的信，想到這麼有想法又了不起的孩子，我竟然讓她那麼痛苦，又讓我更加心痛了。

考上美國大學心理學系

我因為擔心女兒是否能平安抵達美國，那幾天都睡不好，直到聽見她安全到達的消息後，才稍微安心喘口氣。但因為還是掛念著孩子在那裡的生活，因此睡覺時總是把電話放在枕頭邊，只要一有簡訊或電話打來，馬上就從睡夢中醒來。

到美國三天後，女兒傳了簡訊過來，「媽，我過得好辛苦，實在是待不下去了，我要回去韓國。」

真是讓人無語，「妳到底精神正不正常啊？我投入了多少錢和時間，才過幾天就說要回來？怎樣妳都得咬牙忍下去。」雖然想傳這樣的簡訊過去，但我沒忘記教練式輔導的精神，又重新打起精神。

「妳一定很辛苦所以想回來吧！怎麼啦？為什麼會有這樣的想法呢？想回來的話，

隨時都可以回來，媽媽只有妳一個女兒，重要的是妳能好好的活著，要媽媽匯機票錢過去嗎？」我傳了這樣貼心的簡訊回去。

「花了那麼一大筆錢過來，怎麼可以就這樣回去，太浪費錢了，我再忍耐看看。」如果我狠狠斥責說了成為仇人的話語，女兒絕對不會這樣回覆，不曉得是不是因為我的支持性回饋起了作用，孩子決定努力堅持下去。

我後來才知道，女兒因為語言不通生活過得很辛苦，尤其一開始連要去哪裡，怎麼買吃的東西，都不知道。只靠男朋友買來的幾片披薩和香蕉，撐了快一個星期。東西吃得那麼少，一個星期之內就瘦了三公斤，在炎熱的夏天裡幾乎都要暈倒了。

好不容易申請了語言課程開始學習，一般只要六個月就能結束的課程，女兒卻花了一年才完成，因為她在語言方面特別沒有天分。之後，參加了美國大學入學考試，完成了語言課程並申請某大學的心理學系，然而卻傳來落榜的消息。原想要追到美國去把孩子全部的頭髮都拔下來，但我卻傳了這樣的簡訊給孩子：

「妳去那裡不是為了念書，而是為了生活才過去的，人活著就好，到現在都能好好的，就已經很棒了。別擔心，無論何時只要想回來，我都會匯錢過去讓妳回來。」

「媽，對不起，我說過會努力的。」女兒回傳了這樣訊息給我。

幾天後，孩子又傳簡訊過來，「媽媽，我前面有幾個同學沒去註冊，因此我候補上了，我可以去上大學了。」

女兒終於考取了大學的心理學系，之後女兒傳來了幾張和男朋友在迪尼樂園拍的照片，說是去體驗學習時拍的。從來都沒交過朋友的她，現在過著過去完全無法想像的幸福模樣。高特曼博士的研究結果指出，教練型父母有益於子女的同儕關係，由此就可以證明。

過了一陣子之後，女兒又傳來一張照片並附上這樣的訊息：

「媽，我最近坐這樣的車去上學，真的很神奇吧？我寫下的東西都實現了，交了男朋友、來美國念心理學，現在還坐到這個車子，我都要起雞皮疙瘩了。」

照片裡的車子就是孩子在濟州島時說「去美國要坐的進口車」，我也嚇了一跳，問她是怎麼一回事。

「我在美國認識了一位朋友，那位朋友就是開這種車，他還讓我搭便車上學。」而這部車的主人和女兒當了長達三年的室友。

全部A的成績單

學習教練式輔導後，我們母女倆才開始進行對話。剛開始學了高特曼博士的拉近距離的對話，試著要說肯定、尊重、支持、感謝、鼓勵的話時，由於是從來都沒做過的事，不只難以開口，還渾身不對勁，怎麼都無法實踐，因此我從傳簡訊開始練習。我不斷的寫了又刪，因為句子本身很令人難為情，也很擔心孩子收到這樣的簡訊會有何反應，在無數次反覆之後，某天想著「哎呀，我不管了」便傳了出去。

「親愛的女兒，真的很謝謝妳來當我的女兒。」

過了不久，女兒撥了電話過來，「媽，誰叫妳傳這種訊息過來的，從哪裡學來這麼詭異的東西？很討厭，好不習慣，妳想要我做什麼嗎？還是照原來的樣子吧！」

孩子冷冰冰的話讓我很受傷，想就此打住，把到目前為止所學的都扔掉，像從前一樣對孩子破口大罵。可是想起了「少量多次反覆進行」這句話，便一邊看孩子的臉色，持續傳著類似的簡訊。不知從何時開始，孩子也傳來了照片和回覆：

「親愛的媽媽，謝謝您當我的媽媽。」

不曉得是不是養成了說拉近距離話語的習慣，活化了孩子的額葉，在女兒留學時期中的某個假期，還發生了這樣的事。暫時空出時間回國的孩子，在房間裡貼滿了如下面照片中的夢想清單。女兒過去每天只會打電動殺時間，有氣無力的模樣早已消失無蹤，現在的她堅信，夢想只要「寫下來就會實現」。

仔細察看這些清單，其中有一張寫著「全部都要拿到A」，看到這個，我不曉得有多高興，於是問孩子：

「稍微聽得懂英語了嗎？」

「一句都聽不懂。」

「會說一些了嗎？」

「欸，你知道我內向都不太說話的啊！」

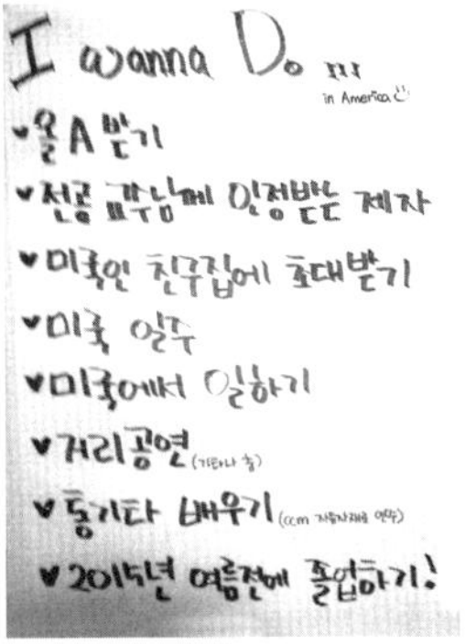

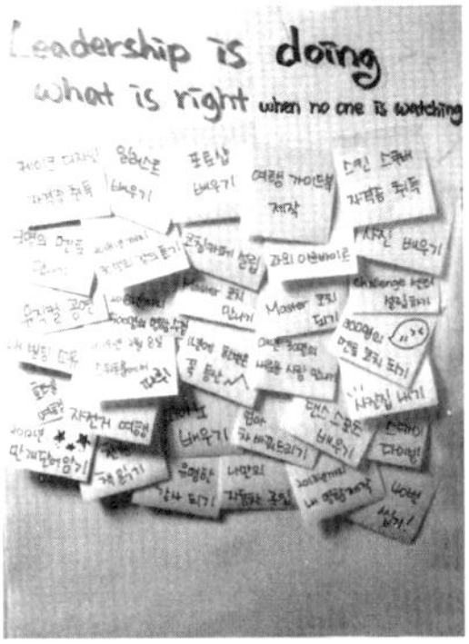

我還是放不下，存在於內心一角的「自我」，就這樣悄悄浮現出來，想要確認孩子去了美國到底學了多少，這樣的心意又被孩子看穿，所以孩子才會沒好氣的回答。

聽了孩子的回答，又再次引發我內心的怒火，但還是努力進行教練式輔導對話，給予支持性的回饋。

「就算這樣還是想要全部都拿A呢！」

「媽，我全部拿A之後，還要拿獎學金然後提前畢業。」

我心裡雖然想「我連全部A都不指望了，這傢伙還敢信口開河。」但還是用溫和平穩的聲音說：

「是啊，我的女兒一旦下定決心沒有辦不到的事，我女兒一定做得到的。」

接著孩子回到美國，隨著時間過去，第一學期也結束了。女兒將那個學期的成績單和一封充滿淚水的信，一起用電子郵件寄了過來。

「寫下來就會實現！」

我看到了一張全部都拿到A的成績單。

孩子全部都拿到A固然高興，但另一方面也擔心媽媽對下學期的成績會有相同的期待，於是信中寫著：

「媽媽，這學期我挑了最簡單的科目，所以全部都拿到A，至於下學期請不要有所期待。」

「媽媽覺得有沒有全部A一點都不重要，我很感謝的是，我女兒能在那邊健康的上學，還看得懂全都是英文的考卷，這件事也讓我無比感激。」我這麼回覆她。

雖然孩子寄了這樣的信過來，另一方面我卻想著「美國學校該不會讓全部的學生都拿A吧？」我真的是很過分的媽媽對吧？我後來才知道，在美國攻讀心理學其實很困難，沒有被當掉就已經很了不起了。後來偶然認識了那所學校的畢業生，聽他說我女兒是第一個在第一學期就全部拿到A的留學生，這是很困難而且了不起的事。

和子女一起如夢般的美國之旅

女兒在一句英語都說不好的狀態下，就去美國留學，那時期是和著淚水在念書的，由於大部分讀那所學校的留學生，都是從小學、中學、高中就來了，語言有一定水準，到了大學才來的學生少之又少。由於女兒的英語連日常對話都很困難，課堂上的內容就更難聽懂了，因此她比別人更努力，久坐到屁股都得了皮膚病。

再加上女兒隱約的遭受種族歧視的對待，經濟狀況也很拮据，她說有無數的日子都想要就此放棄回家，但因為媽媽的支持、回饋與鼓勵，終究還是讓她打消了念頭。順利拿到學分，無論如何都要申請獎學金，為了提前畢業，連放寒暑假的時候都要去聽課。

念書時最困難的就是團體作業，要分組完成作業然後發表，因為英語不好的緣故，同一組的同學似乎瞧不起她，但由於女兒收集整理資料的能力很強，也才有同學願意和她同一組。不過，她說比這個要更辛苦的就是教授問「你覺得呢？」的時候。

女兒放假回家時曾這麼說：「媽，教授問我『你覺得呢？』但我什麼想法都沒有。到底我的想法是什麼？我為何什麼都想不到？這件事讓我覺得自己好悲慘。和這個相比，英語說不好根本算不了什麼。」女兒甚至還流下了眼淚。

我們的孩子熟悉的是以考試為主的填鴨式教育，連要表達自己想法的機會都沒有，透過女兒的話，更讓我深刻感受到這種教育方式黑暗的現實面。

孩子用汗水與淚水克服了這樣的困難，最後在三年內完成了大學四年的課程，而且還是以接近滿分四分的三點七分優秀成績畢業。當作是賺到了一年的學費，我打算用這筆錢和兒子遠渡重洋到女兒所在的美國，進行一趟美國之旅。

約兩週的美國之旅，對我們一家來說是別具意義的時光，兩個孩子展現了世界上獨一無二的美好兄妹情誼，過去兩個孩子窩在各自的房間裡打電動的時期，只要一見到面就吼叫爭吵，有時還會動手

動腳，女兒的鼻骨還曾經被哥哥打斷送到急診室。然而，兩人現在就像從來沒發生過那些事一般，長時間一起旅行互相幫助的樣子，看了令我無比感動。教練型父母有益於增進兄弟姐妹間的關係，我算是也證明了這一點吧！

女兒雖然以優異的成績在三年內就完成大學學業，但隨著回國時間的逼近，感覺她也越來越擔心，沒自信的說：

「在美國念了快四年書，回國要是聽到別人說我英語不好的話，該怎麼辦？」

我聽到後，這麼回答：

「媽媽覺得成績和畢業證書都不重要，妳不是為了念書才去那裡，而是去生活的，到目前為止能這樣活得好好的，然後再次回到媽媽的懷抱，光是這點就已經很了不起，也讓我覺得感謝了。」

女兒於二〇一五年五月回國，並在知名的青少年教育機關完成三個月的實習課程，最後終於取得美國某大學心理學系的畢業證書，雖然不是所謂的名校，但在心理學領域也是很有地位的學校。對於青少年諮商很感興趣的女兒，一邊在青少年教育機關工作，一邊準備考研究所，往更遠大的夢想邁進。

兒子走上哲學之路

現在各位一定很好奇我的兒子吧？兒子沒有如我所願去念書，也沒有考上我想要的大學，而是成為大家不太知道的藝術大學文藝創作系學生。

兒子想要成為創作小說的作家，他所寫的文章主角就是我和丈夫，或許是想從創作中紓解小時候遭受來自父母的痛苦對待吧！

兒子後來雖然進了大學，但第一個學期無法適應，還被記了警告，歷經入伍和休學的迂迴曲折之後，在別人都已經研究所畢業的年紀，才完成大學學業。過去當成興趣學的打鼓，也應用在教會中認真擔任志工，並彈著自學的吉他引導禮拜讚揚，偶爾還會

寫歌作曲。

讀大學期間的某一天，兒子寄了一封信給我。

母親：

我現在要去找教授。

事實上這樣去找教授並沒有什麼特別的意義，

但不曉得為什麼我卻覺得很了不起。

雖然不曉得未來會怎麼樣，至少到死之前，

在這個當下有件事能讓我心動，就覺得無比激動。

如果我讀別的科系的話，

或許會擔心教授把我的成果拿走。

想來想去能這樣做著自己喜歡的事，都是托母親的福。

真的很感謝母親在這段時間裡忍耐我、等待我，
就像是人類第一次登陸月球一般，感覺自己要開始做什麼偉大的事了。
雖然未來或許也不見得會一切順利，
但感覺您會繼續相信我，真的很感謝您。
我要出門了。

偶爾我會擔心，「兒子可以靠寫作維生嗎？寫文章在這個世界能好好過活嗎？」但兒子卻說「至少到死之前，在這個當下有件事能讓我心動，就覺得無比激動。」所以我選擇相信他、等待他。只要我願意相信他、等待他，總有一天兒子寫的文字就能成為大家拿在手上閱讀的作品，這樣的一天會來到吧？再繼續等待的話，兒子的文章就會入選新春文藝，入圍布克獎的消息，出現在新聞媒體上的一天也會來到吧？再繼續等待的話，會不會像巴布狄倫一樣，獲得諾貝爾文學獎呢？就算這樣的日子不會來臨，因為做這樣的事能讓他心動，為了兒子的幸福，我也會守候著他。

那天我寫了這樣的回信給兒子：

我親愛的兒子：
非常感謝你！

看到我兒子能做著讓他內心激動澎湃的事，
媽媽的心裡更開心、更激動，
如果我們沒有經歷過困難，應該就無法體會這樣的喜悅吧！
那一連串的事件與痛苦，
不但讓我有所領悟，還讓我的兒子找到動心的事，
我真的是無比的感激與感謝。

在艱苦困難的環境中，我的兒子與女兒在心靈上仍舊不斷的成長，
真的非常了不起，我以你們為榮。
愛你並祝福你。

兒子大學畢業後，為了寫出更有深度的文字，想要進一步學習哲學，準備了一年之後，今年考取了某大學的哲學研究所。庸俗的我實在無法理解兒子寫那種以世界為敵賺不了錢的文章，又像是浪費時間一樣去學那麼艱深的哲學到底要做什麼。

眼看兒子的年紀都要邁入三十歲了，讓我心裡著急了起來，「現在總該進入職場賺一些錢，好準備結婚了吧！」我的腦中不時有這樣的想法，但是兒子卻說：

「母親，為了讓這個世界變得更成熟，讓人活得更有價值，就應該要有學習哲學的人。我是基於這樣的使命感，才想要研究哲學。」

兒子給了我這樣高水準的回答，真的很帥氣吧？而我卻想用世俗的框架來限制這樣的孩子，多麼讓人感到鬱悶啊？

目前我的兩個孩子並沒有多了不起的成就，讀的不是人人稱羨的名校，也沒有進入坐擁高薪的好職場。但是我知道兩個孩子每天都有要去的地方，並且會一早起來，在約定好的時間抵達，就無比感激了。想到過去那個讓我心碎的時期，兩個孩子只會打電動、看不到未來，現在他們想做什麼就會去行動，

這個事實對我來說就有如奇蹟一般。

最重要的是順利熬過了內心艱困的日子，並活了下來，能跟我一起呼吸、吃飯、聊天，我還能抱抱兩個孩子，這一件件都讓我充滿感激且幸福。孩子們寫來的信，也總是讓我感動不已。

下面是女兒在美國留學時，於父母節寄來的信。

給親愛的柳南小姐：

我最愛的媽媽，您過得好嗎？

為了即將來到的父母節我提起了筆，

不曉得這封信會不會準時到達。（中略）

因為媽媽的辛勞，我才能如此的健康幸福，

可以讀我想讀的書，我很感謝而且很快樂。

能夠充滿喜悅的學習，而且一點一滴慢慢進步，對自己也感到很自豪。

我吃得很好和朋友也相處融洽，在這裡過著開心的生活。
從媽媽那獲得了一輩子也還不了的大愛，
我覺得我是世界上最幸福的女兒。
媽媽，這份愛雖然無法全部還清，
但我會一輩子努力來報答您。（中略）

親愛的媽媽，多虧媽媽我才能找到夢想，
多虧媽媽，我才能獲得這些非常重要且多樣的經驗，
我因為有媽媽才能在這個世界上幸福的活著，
我也會讓媽媽因為這個女兒能過著更有滋味的生活。（中略）

不過媽媽，要是您覺得很辛苦想休息，
或是我在這裡會造成負擔時，請不要擔心，就叫我回去吧！
我無論在哪裡都會成功，我已經獲得了許多寶貴的經驗。

對我來說，媽媽的健康才是最重要的，
請一定要一直健健康康的，等我買名車給您開，
讓您坐在飛機的頭等艙裡，安穩的到全世界旅行。

親愛的媽媽，真的很謝謝您讓我來到這個世界，
真的很感謝您是我的媽媽，我很幸福。

獻上世界上所有的幸福、感謝與喜悅，
我是那樣的愛您且尊敬您，
因為有您，讓我今天也可以微笑，
我愛您，我的媽媽！

媽媽的養老金，
世界上最漂亮的女兒〇〇敬上

我被教會任命為勸士時，兒子寫給我的信讓我心頭暖暖的，同時感覺到我是世界上最幸福的人。

給我最親愛且尊重的母親：

母親，恭喜您就任勸士，

隨著時間過去，增長不是只有年紀，

我的母親因為信任的累積也增長了信仰的歷練。

不會因世上的波瀾而折損人生，

我的母親在苦難中與祂越來越相似。

我真心的敬愛您，

多虧母親，我才能以現在的模樣成長並且生活著，

身為您的兒子，我真非常驕傲。

雖然您總說自己有所不足，
但我覺得您已經具備充分的資格成為一位勸士。
感謝我的天父能讓我們迎接這一天，
我祈禱著這能成為母親信仰上的另一個轉捩點。

母親，儘管我在行為或言語上有所失誤，
但您總是站在我這一邊，我要真心的感謝您。
我會一直尊敬您，
我想結婚的女性就是像母親這樣的人。（這算最高的稱讚了吧？）
我愛您，我愛您，我愛您，
並且再次誠摯的恭喜您。

親愛的母親就任勸士的日子
您最自豪的兒子〇〇敬上

後記

我是幸福的媽媽

還記得前面所提到的美國問卷調查結果嗎？「真正的成功是成為受到尊敬的父母」。

某次，我生日時和兒子一起到餐廳吃飯，原本就很熟的餐廳經理對兒子說：「您母親真的很好吧？」兒子回答：「當然囉，她是我在這世界上最尊敬的人。」

幾年前，我根本無法想像會有這麼一天的到來，最近還可以和兒子女兒聊天三個小時以上，過去那個一開口只會說「快！快點！我忙！」的我，竟然能理解並接受孩子的心，在我的身上發生了奇蹟似的變化。

雖然丈夫事業失敗，我身上「負債纍纍」，在許多地方也都很不足。但就像兒子寫給我的信一樣，受到子女尊敬的我，不只是幸福的人，也算是成功的人吧！

多虧我的孩子我才得以成長，而且能像這樣和各位分享，我覺得這也是成功真正的意義，實踐「成長並且共享的人生」。

教練式輔導的力量有多大？讀懂孩子的內心，用溫暖柔和的對話來給予支持，會給孩子怎麼樣的變化？希望父母們能將我羞愧的過去當成教訓，從中獲得重要的領悟。

我投資了無數的時間與金錢，當中取得了教練式輔導的講師資格與專業教練的證照，當我處在絕望的盡頭，所領悟到的是：

「最好的教練式輔導基礎是放下，最優秀的教練式輔導技巧是信任與等待。」

以世人的眼光來看，我的兩個孩子現在不算成功，也沒有多大的成就。但是只要我相信並等待他們的話，我確信他們一定會有所成長而且能與人共享，成為拯救許多人靈魂的國際級幸福導師。

據說人遇到三種事物會有所改變：

好的人、好的書、好的教育。

這本書收錄了不足的我的親身實例，我懇切的祈禱著，對於各位與各位的子女來說，希望它也能成為讓你們幸福的改變契機。

各界推薦

李柳南校長是韓國教練式輔導協會認證的一號教師，是首屈一指的教練式輔導講師。對於一般講師難以力行的自我反省與如何改變的經驗，李校長總能以生動的演講獲得廣大家長的認同，其退休後的活動也很令人期待，年紀越長價值越高，就算退休也能成為專業教練，到九十九歲都能站在講台上，給予國內外煩惱子女教育問題的家長提供建議與援助。對於所有煩惱子女問題的家長，期盼本書能成為他們的必讀書籍。

——金庚燮（韓國教練式輔導協會創立會長、韓國領導力中心代表）

原本那麼令人驕傲的兒女，突如其來的休學與反抗，李柳南校長在深深的罪惡感與痛苦中，找到希望，他們是情緒教練式輔導的成功實例。書中是校長動人的告白與反省，以及令人潸然淚下的改變過程。盼望能獲得子女尊敬的父母，或是夢想著幸福親子關係的讀者，相信本書能為父母們帶來安慰、勇氣與希望。

——崔星愛（HD幸福研究所、《給孩子的情緒教練式輔導》作者）

天父將擁有無比珍貴靈魂的子女作為禮物賜給我們，每個做父母的無不希望能好好養育子女，然而仍有不少人在教養子女時承受無比的挫折，因為這不是件容易的事。作者是帶職的宣教士、出色的教育者，還是一名卓越的演講者，但身為母親在教養子女時，經歷許多的失敗，其克服的過程，對於因子女教育而焦慮的父母來說，是很好的激勵與指南，建議每個想成為好父母的人都該好好讀一讀。

——李衡新（恩惠教會堂會長牧師）

啟發一個人和發現寶物同樣都是具有價值的事。李柳南教練二〇一三年在韓國教練式輔導大會中獲得「年度教練獎」，二〇一六年獲得「年度教練文化傳播優秀機構獎」，除此之外，他還以傳道士的身分積極的活動著。透過本書，我們可以知道教練式輔導這個優秀的工具，其力量是多麼的強大。

人們透過省察生活中經歷的痛苦與傷痛、失敗與挫折的過程，智慧才得以產生。作者透過「教練式輔導」的這面鏡子中直視心中的痛苦，同時在不斷的反省與改變中，獲得了智慧。這本書的內容在其他教養書籍中並不容易看到，他毫無保留的描述了身為母親、老師所犯的錯，更讓人感動的是，他透過了教練式輔導，開發了自己和子女的潛能，讓我們知道這些是如何在人的內心中發揮作用。

——金在宇教練（韓國教練協會會長）

——朴昌奎（領導力教練中心負責人、韓國一號教練大師）

李柳南校長一直以來以家長和教師為對象，走遍全國致力於宣傳教練式輔導，那些讓人感動的演說，原封不動的被保留在書中。文中坦率的自我省察，十分打動人心，加上她的子女現在都成為優秀的人才，更具有說服力。對於和子女間的爭執感到疲憊，想找到更好教育方式的父母、老師、教練不妨一讀。

——黃賢豪（夫妻幸福教練式輔導中心所長、《夫妻因為優秀才會吵架》作者）

在我四十多年來教育工作生涯中，那些總是讓我感到苦惱的問題，李柳南老師在書中以毫不修飾、坦率的方式給予讀者解答，我在此致上無限的尊敬與大大的讚美。為了讓子女有更好的教育，我強烈推薦本書，這是所有父母必讀的書籍。

——金日亨（仁川青空高中校長、大元外國語高中前校長、國際教練式輔導聯盟AAC專業教練）

李柳南校長是改變了無數家長、拯救無數孩子靈魂的「人生夢想家」也是「動機賦予者」。兩年前，我在兒子所就讀小學的家長研修活動中，第一次接觸到李柳南老師的演講，讓身為父母的我深深的反省。李老師真誠的演講內容以她實際在教養子女時的失敗經驗為基礎，讓我無比的感動，也開啟了我成為教練父母的契機。本書對無數的讀者來說，是引導他們擁有幸福親子關係的指南。

——李海京（崇實網路大學青少年教練式輔導諮詢學系系主任）

我們校長是教育界的驕傲，透過演講感動並影響了全國無數的父母和老師。她無償的替本校家長提供教育訓練，為了改善老師的教學方法，積極的參與研修，在忙碌的日程中，每年還會將全校的孩子叫到校長室給予輔導或鼓勵。我在一旁關注著如此了不起的人物，讓人不由得對她肅然起敬。書中收錄了她真實的家庭故事，期盼本書能讓更多父母、老師與學生都變得幸福。

——柳善美（首爾明新小學副校長）

您的孩子幸福嗎？一早就出門上學的孩子，你是否給了他們燦爛的笑容，說路上小心要平安回來呢？孩子結束了一整天的課程回到家之後，你也給他們溫暖擁抱了嗎？所有的父母都希望孩子能幸福快樂，本書告訴各位如何讓孩子快樂的度過今天，以及迎接幸福明天的方法。這些透過教練式輔導，使得子女、學生與家長產生改變並擁有幸福人生的實例，作者以最真實的方式介紹給大家。讀了本書之後，希望各位能從那天開始，給上學的孩子一個燦爛的笑容，給結束整天課業回家後的孩子溫暖的擁抱，這對父母和子女來說無疑是最幸福的禮物。

——孔善熙（首爾英書小學副校長、詩人、童話作家）

任何人在一生中都會遇到轉捩點，我人生的轉捩點就是遇見李柳南老師，以及這本書。老師真實毫不修飾的敘述方式，讓我邊讀邊感到心痛。不只我的孩子，無數學生的臉龐也一一浮現腦中，讓身為母親也是老師的我，也忍不住主動寫下悔過書。雖然有些遲了，但這本書讓我變成更好，並成為教練型母親、教練型老師。希望本書也能成為無數因子女教育而煩惱父母們的轉捩點。

——河松子（釜山廣域市教育廳首席教師）

二〇一五年我因交通事故住院，初次遇見了曾上過電視節目的李柳南校長。校長的經歷就像是我自己的故事一樣，看著她的改變，也讓我產生了勇氣，希望自己也能像她一樣走出人生中黑暗的隧道。不久之後，朋友介紹我參加教練式輔導的研修課程，講師正好就是李柳南老師，就這樣我和老師有了兩次相遇的緣分。托她的福，我的孩子與學生改變了，看到他們變化的模樣，讓我很有成就感。當然改變最大的人其實是我。直到現在，只要我覺得辛苦的時候，就會想起校長，然後再次翻開教練式輔導的教材研讀。很推薦正在經歷子女教育的難處，或是對於人生感到疲憊的父母來讀。

——李慧真（大邱廣域市教育廳首席教師、高中生家長）

我雖然尚未結婚，但覺得父母要自我反省，比起其他人要來得困難許多。本書所記述的是一位母親長時間的真摯反省，由於還加入了實踐，讓這反省變得更有意義。事實上，我的母親改變了許多，也因為這樣讓我的人生有了很大的轉變。書中紀錄了母親變化的過程，這不只是個故事，而是我們一家人真實的案例。如果您正在煩惱親子關係該如何改善，相信讀了本書會有很大的幫助。

——尊敬的母親的兒子裴○○（哲學系研究生）

姐姐書念得好、無所不能，一直是我們家人的驕傲，讀著書裡那些讓她心痛的回憶時，彷彿可以感受到姐姐，還有姪子、姪女的心，心裡也覺得刺痛起來。天下的父母無不希望子女能夠成功，然而假使父母沒有準備好的話，就等於是把子女逼到絕境。如果父母們都能好好閱讀的話，相信我們的孩子還有父母們都能變得幸福。

——弟弟李賢玉（任職於全羅北道道政府）

李柳南校長曾是我大兒子就讀學校的校長，她對於家長教育的努力不遺餘力。多虧了校長，讓我和大兒子的關係獲得改善，讓我的人生和靈魂茅塞頓開，我目前也成為了輔導教練。李柳南校長讓我經歷人生真正的變化，我相信閱讀她的著作的讀者們，也能遇見改變人生、拯救靈魂的機會。

——李恩載（首爾校洞小學家長、韓國教練式輔導協會KPC專門教練）

遇見此書前，我先聽了校長的「父母教練式輔導」演講，她誠實的說出自身心痛的經驗。在第一堂課時，她問我們「您把孩子打造成自己的炫耀品嗎？」聽到這樣的提問時，我心裡一震。在那場演講中，讓我感受特別深刻的句子是「只要一睜眼、一開口，就要給予肯定、尊重、支持、稱讚」。若您是對於一般教養書中那些難以達成的成功經驗感到厭倦的父母，我特別推薦此書，在本書中，你絕對能發現教育上的問題，並獲得實際的建言。

——南昶熙（首爾明新小學家長、學校營運委員長）

生孩子前，每個父母都有著無比的自信，相信自己能教養得比別人更好。然而一旦成為了父母，卻陷入了苦惱「為什麼會這樣？哪邊做錯了呢」。透過李柳南校長的家長教育，我理解了最重要的是要理解孩子的心，以及父母也要不停學習才能成為父母這件事。而這樣讓人期盼的書終於出版問世了，相信對於和我一樣苦惱的家長來說，會是充滿助益的指南。

——全惠晶（首爾龍山小學家長、韓國教練式輔導協會KAC專門教練）

校長給我的第一印象是「有能力且自信滿滿的人」，也因為如此讓我有種距離感，然而這是我先入為主的錯誤觀念。其實校長是有能力且熱情的人，比起任何人都要來得「溫暖」。她因為難受痛苦的過去而改變了，當我知道這件事時，已經是很久以後的事了。她將挫折昇華，而成為教練式輔導父母，我對這樣母親有著無比的敬意，對於曾渾渾噩噩過活的我，校長也無止盡的給我肯定、支持與鼓勵，讓現在的我變得主動、積極。對於讓我能改頭換面的校長，我要再次傳達我的謝意。

——金恩順（首爾校洞小學教職員、長位中學家長、

韓國教練式輔導協會ＫＡＣ專門教練）

在一場對小學家長的演講中，我初次遇見了李柳南校長。在那場演講中，讓我回顧起過去身為父母的時光，也開始讓我和家人的關係產生了變化。從那時開始，為了不錯過任何校長的演講，就算要搭飛機前往我也願意，並且將她說的字字句句銘刻在心裡，為了能適用在自己身上也仔細筆記下來。如今這些讓家人們再次擁抱的書出版問世，雖然不是我寫的書，但我也同樣感到幸福。

——鄭慧容（濟州才陵小學家長、家族教練式輔導講師）

對於曾經自信低落的我來說，校長不只是積極正面的典範，還是改變我人生的人。讀了《媽媽的悔過書》之後，我捫心自問自己是「真正的老師還是職業上的教師」、「是父母還是監視者？」我也在心裡寫下了悔過書。不管身分是老師還是父母，每當我意志動搖時，我都會翻開這本書找尋答案。

——趙善熙（中學生家長、明新小學教師）

family field 親子田　親子田系列035

媽媽的悔過書

作　　者　李柳南
譯　　者　黃薇之
總 編 輯　何玉美
主　　編　王郁渝
封面設計　李涵硯
內文版型　葉若蒂
內文排版　顏麟驊

出版發行　采實文化事業股份有限公司
行銷企劃　陳佩宜・黃于庭・馮羿勳
業務發行　盧金城・張世明・林踏欣・林坤蓉・王貞玉
國際版權　王俐雯・林冠妤
印務採購　曾玉霞
會計行政　王雅蕙・李韶婉
法律顧問　第一國際法律事務所　余淑杏律師
電子信箱　acme@acmebook.com.tw
采實官網　www.acmebook.com.tw
采實臉書　www.facebook.com/acmebook01

I S B N　978-957-8950-70-2
定　　價　360 元
初版一刷　2018 年 12 月
劃撥帳號　50148859
劃撥戶名　采實文化事業股份有限公司
104 臺北市中山區建國北路二段 92 號 9 樓
電話：(02)2518-5198　傳真：(02)2518-2098

國家圖書館出版品預行編目資料

媽媽的悔過書 / 李柳南著；黃薇之譯. -- 初版. -- 臺北市：采實文化，2018.12
328 面；14.8×21 公分. --（親子田系列；35）
978-957-8950-70-2（平裝）
1. 親職教育　2. 親子關係
528.2　107017984

엄마 반성문 전교 일등 남매 고교 자퇴 후 코칭 전문가 된 교장 선생님의 고백